京师青年艺术论丛　黄会林 胡智锋 王宜文　主编

儿童功能游戏设计研究

蒋希娜　著

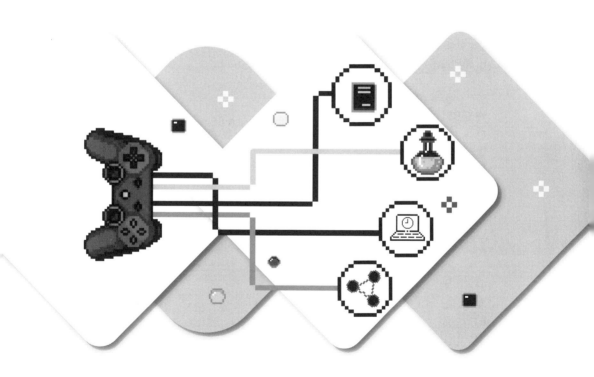

中国国际广播出版社

图书在版编目（CIP）数据

儿童功能游戏设计研究 / 蒋希娜著. —北京：中国国际广播出版社，2019.12

ISBN 978-7-5078-4644-7

Ⅰ. ① 儿…　Ⅱ. ① 蒋…　Ⅲ. ① 儿童－游戏－设计　Ⅳ. ①G898

中国版本图书馆CIP数据核字（2019）第301515号

儿童功能游戏设计研究

著　　者	蒋希娜
责任编辑	屈明飞
校　　对	张　娜
版式设计	邢秀娟
封面设计	赵冰波

出版发行	中国国际广播出版社有限公司 ［010-89508207（传真）］
社　　址	北京市丰台区榴乡路88号石榴中心2号楼1701
	邮编：100079
印　　刷	天津市新科印刷有限公司

开　　本	710×1000　1/16
字　　数	180千字
印　　张	11.5
版　　次	2022 年 9 月　北京第一版
印　　次	2022 年 9 月　第一次印刷
定　　价	38.00 元

　　本研究系中国博士后科学基金一等面上资助项目"培养学前儿童计算思维的编程游戏设计及实证研究"（项目编号：2019M650018）、2018年度国家社科基金艺术学重大项目"中国数字新媒体艺术创新研究"（项目编号：18ZD12）、教育部人文社会科学研究一般项目"数字游戏批评的理论建构与话语实践研究"（项目编号：18YJAZH025）和教育部人文社会科学研究青年基金项目"传承红色基因的功能游戏设计与评价研究"的阶段性成果，并受中央高校基本科研业务费用专项资金资助（项目编号：310422135）。

序 一

黄会林　胡智锋　王宜文

《京师青年艺术论丛》即将推出，这是北京师范大学艺术研究领域青年学者和学子们创新成果的汇集，中国的艺术学科迎来了一群朝气蓬勃的年轻人，他们也带来了新鲜的活力、锐气和探索精神。祝贺这些成果和这些年轻人的出现，并期待本论丛推进中国艺术学科的学术研究和科学进步。在丛书即将问世之际，我们认为，有必要对中国的艺术学科所面临的新环境、新挑战与未来发展前景等做一点探究；同时，也对包括本论丛在内的京师艺术研究学派自身的发展脉络、宗旨、特征等进行一下梳理与探索。

中国艺术学科面临的新环境

世界格局在过去几百年间实际上是由西方主导的。西方经由文艺复兴这场"文化革命"解放了人，又经过工业革命解放了生产力，积累了人类历史上超过过去几千年的财富总和，再经过近代19、20世纪的社会运动——从法国大革命、英国大革命直到美国大革命之后带来的社会革命——解放了生产关系，建构了现代西方的政治体系、社会体系和文化体系。

这个较为完整的政治、经济、社会、文化体系百余年来一直在主控着人类社会。以二元对立哲学为主建构起来的西方文化影响着全世界，在价值观、思维方式和生活方式等方面深刻影响着人类社会。

这个状态从19世纪以来就一直在东西方的冲撞之中蔓延着。作为拥有数千年文化沉淀的东方大国，中国一直试图调整并改变这种状态。但近代以来的中国，经济、政治、文化处于全面衰弱状态，直到中华人民共和国成立才开始了独立自主的进程。经过70年的努力，特别是改革开放40多年来的努力，中国实现了从站起来、富起来到强起来的伟大转折。

2012年，中国第一次在经济总量上超过了日本，成为世界第二大经济体。有人预测，用不了多少年，中国将超过美国，成为世界第一大经济体。更有观点认为，中国已经成为世界经济的火车头。一方面，我们可以看到，这些成就让中国人的百年屈辱得以洗刷，使长期在西方体系压制下被压迫、被剥夺、被歧视的民族屈辱得以洗刷；另一方面，我们又必须清醒地看到，西方体系依然强势地主导着世界，特别是在文化上，也就是我们所说的"文化软实力"。在经济硬实力的快速发展中，我们越来越感觉到自身在文化软实力上相对太软，无法与快速发展、增长的经济硬实力相匹配。诚然，我们的硬实力，如各种经济指标，确实为国人以及世人所认可、所羡慕；但与此相应，我们的价值观、审美观等文化软实力是否能与硬实力相匹配，这无疑是摆在我们面前的令人警醒的重大问题。

我们认为，中华文化只有表现出足够的魅力和丰富的内涵，才能真正让世界敬佩。艺术作为当今世界最为直观、生动的文化载体和传媒载体，它在文化创造、文化交流和传播方面，毫无疑问扮演着举足轻重的角色。或者说，艺术对于中国文化软实力的提升将扮演极其重要的角色。艺术学科在面临国家文化软实力提升的新环境之下，理应在战略层面有更大的抱负——努力在学科建设的宗旨、目标、方向和规划中，以全球化的视野打造新全球化环境，彰显中华文化魅力与特色的学科内涵，并为中国文化提升提供基础性和战略性的支撑。

中国艺术学科面临的新挑战

"双一流"建设无疑是中国高等教育目前发展的主旋律。北京师范大学的艺术学科，特别是戏剧与影视学科在"双一流"建设中，也获得了前所未有的机遇。但艺术学科在"双一流"建设的语境中，到底应当呈现出怎样的格局与面貌呢？

　　至少有以下五个层面值得思考。第一，从整体的学科布局看，艺术学科点在总量上应当有怎样的规模，在区域上应当有怎样的布局；第二，在人才培养层次上，本科、硕士、博士的学位点在设置中，应当有怎样的比例；第三，在学术研究上，应当达到怎样的水准；第四，在整体质量上，应当达到怎样的标准；第五，在与国际同行的竞争与对比中，应当体现出怎样的优势与特色。这些都是艺术学科在"双一流"建设中所面临的亟须回应与解决的重要问题。在新环境中，艺术学科就目前国家需求、行业需求、学术发展需求等而言，确实还存在诸多不足。无疑，在师资队伍、学科体制、学术水平、培养体系、文化传承与创新等方面，我们将面临诸多新的挑战。

　　目前，艺术学科在服务国家、行业以及学科等方面能力有限。对于国家在艺术发展方面的宏观规划，我们能提供多少有价值的战略性咨询？对于艺术行业发展的迫切需求，我们能拿出多少有用的应用性对策？对于学科的自身发展，我们能拿出多少有价值的回应？而在艺术基础性研究中，又能有多少新领域、新观点、新方法、新范式做出相应的贡献？在与全球艺术同行的对比中，我们又能拿出多少具有中国特色，同时具有国际影响力的作品与学术成果？这些都是艺术学科在"双一流"语境中需要发力的空间与面临的挑战所在。

　　伴随国际文化交流的不断加强，艺术学科在文化传承与创新中理应发挥更为重大的作用。譬如艺术对于中华文化的传承，包括中华文化所延伸的民族精神、价值观等的传承，扮演着怎么样的角色，以及艺术学科对于当代中国文化的建设，又应发挥怎样的作用、贡献，等等。这些都是目前摆在我们学科面前的挑战，需要不断梳理、探究，并找准方向，努力奋进。

中国艺术学科发展的新对策

　　在新环境中，鉴于中国艺术学科所面临的新挑战，我们有以下三点思考。

（一）人文性

　　中国艺术学科的发展，一方面要看到巨大的时代性机遇，另一方面更要意识到即将面临更巨大的挑战。要怎样去发展，或用什么样的理念去发展，首先离不开强化人文性，这是一个价值功能和价值属性的问题。

中华人民共和国成立以来，虽然在艺术研究的民族化方面有了一些重要的成功探索，但我们在学科建设上更多接受的是西方的影响。对于这些影响，一方面，我们要肯定其技术与文化价值；另一方面，其折射出的价值观，如种族歧视、文化歧视等，对我们学科甚至我国的文化建构产生了负面影响，这是一个令人担忧的问题。我们要清醒地看到，技术背后的文化因素是更深层的、更厚重的存在，这也是艺术学科在价值观、价值体系的建构中应当具有的更强的文化自信和文化自觉。把中华文化的优秀传统融入有中国特色的艺术学科建设当中，这一点我们要大张旗鼓地鼓励与呼吁。

（二）科学性

在新环境与新挑战的共同影响下，中国艺术学科的发展对策离不开科学性的建构。科学性包括两个方面的理解。首先，是尊重专业规律。譬如，戏剧与影视学科在创作和传播中都有自身的规律（电影、电视有其自身的规律，戏剧、戏曲有其自身的规律），而这些规律中的技术规范、创作规范、传播规范等，需要从专业视角加以尊重，这是艺术学科科学性发展的第一个内涵。其次，是尊重逻辑性。在艺术学科的内部构建中，本科、硕士、博士不同培养层次存在不同的逻辑性，而在每一个层面中，专业和通识教育、技术和理论教育等都存在比重问题、手段问题、实施问题。这些涵盖内在逻辑的问题，需要我们去挖掘探索。又如学科中的理论与实务、艺术与技术、创作与传播等，它们之间的比重与衔接所蕴含的逻辑性关系也需要进一步厘清。

（三）创新性

在人文性、科学性的基础上，艺术学科的发展更应该有勇气去大胆创新，此即本书在新对策方面所强调的创新性。

从学科外部来看，全世界没有一个固有模式决定必须通过什么样的路径去发展；从学科本身而言，其艺术性的内蕴也折射出各种各样的可能性。因此，每一个学科中的专业都具有其创新的空间。例如，开设艺术学科的有综合性大学、工科大学、文科大学、师范类大学、专业类艺术院校等，不同的学校、学院对于艺术人才的培养理念、路径等会存在不同，但正是这种差异给我们的创新提供了巨大空间。所以，在面向世界的艺术学科的建构中，每个学校、学院、学科点都完全可以结合自身的实际，利用自身优势，在差异化中创建自身特色。

我们认为，艺术学科发展的具体创新模式有以下三点：第一，在传承中创新，弃旧更新。要在新环境中充分吸纳历史经验，结合新的时代需求，做重新整合。第二，敢于进行创新创造，敢于立论。要根据国家、行业、教育发展提出新的需求，并积极创建新的学科、新的专业、新的方向、新的课程、新的教育内容与新的社会服务模式等。第三，广泛借鉴与整合。要通过对传统文化、国际同行的不断借鉴学习、汲取精华，并结合中国艺术学科的发展特色，整合出新的学科发展经验。

通过对人文性、科学性、创新性的把握，沿着中国特色、时代特色和行业发展需求谋篇布局，规划设计形成新的教育模式、科研模式和社会服务模式等，我们将会把艺术学科发展推进到新的境界。

艺术研究京师学派的历史传承与建构

北京师范大学是一所底蕴深厚的百年老校，是中国现代高等艺术教育的发祥地之一，也一直是中国艺术研究领域的重镇。目前的艺术与传媒学院将传统艺术与现代传媒的诸种学科有机结合，在别的高校不断切分学院和学科的情况下，北京师范大学实现了二者的奇妙融合，形成了一种交叉性优势。北京师范大学始终秉持人文性、综合性、复合性的理念，与专业院校相比，一方面，彰显出传承中华优秀文化、体现中华文化魅力和中国东方审美气质的人文性追求；另一方面，展现出百年老校综合性大学多学科交叉以及艺术多学科融合的双综合优势（艺术与传媒学院有影视、音乐、美术、舞蹈、数字媒体、设计、书法及艺术学等全覆盖的艺术传媒学科），凸显出综合性大学艺术学科的特色与优势。诸多年轻学子、年轻教师就是在这样的包容共享的环境中成长起来，彼此砥砺前行。思想的火花、创新的构思，不断闪现在这片积淀深厚又年轻活跃的园地，使北京师范大学的学术研究始终保持朝气和活力，接纳来自这些年轻学人的"源头"与"活水"。

我们积极倡导和构建艺术研究的"京师学派"，核心主旨就是在学术研究过程中强调对民族化、中国化的密切关注。我们认为，应当以中国美学的独特视角去研究中国艺术现象，既吸收世界艺术的精华，又坚持中国文化的民族性，实现中国美学与西方美学在中国当代艺术实践中的融合。只有这样，我们才能创造出具有现代意识与民族风格的艺术作品，建立起当代艺术研究的中国学派。

我们期待，通过不断的努力，让包括《京师青年艺术论丛》这些年轻学子的科研创新，逐渐形成特色鲜明的京师艺术研究学派。我们期待这套丛书能够为京师艺术学派的建设和中国艺术学科的发展作出独特的贡献。

序　二

我国电子游戏产业规模持续快速增长，然而急速膨胀往往造成质量滑坡，阻碍行业的健康持续发展。为提升游戏内容质量、促进行业升级，2018年，中宣部、教育部、文化部等多部门联合印发《关于严格规范网络游戏市场管理的意见》，并提出"功能游戏"概念。游戏企业先后调整布局，发布了多款实验性功能游戏，然而，该类产品的市场认可度和玩家口碑并不乐观。功能游戏是什么？功能游戏和纯娱乐游戏是什么关系？功能游戏的设计原则和框架是什么？等等。这些问题亟待解答。经过多年的实践和思考，作者将在本书中作出回应。

本书作者蒋希娜是我的学生，研究期间多次出访美国、日本、韩国等传统游戏国家进行学术交流，发表了包括SCI、CSSCI检索的文章数十篇，上线功能游戏4款。在文章写作和游戏开发的背后，我看到了她对于游戏研究和创作的热爱和坚持。作为导师，我很高兴看到她的著作出版，相信该书能够对建构游戏设计理论、促进我国游戏内容质量优化作出贡献。借此，如实转引当时本人所写的《指导教师意见书》：

该书旨在解决功能游戏设计的主要问题——游戏玩法机制与知识机理的割裂。

首先，分析了导致上述问题的两个主要原因：一、重知识而轻思维，二、忽略学前认知发展规律；然后，进行规范研究，针对原因分析核心玩法机制和关卡渐进机制的设计原则；最后，进行设计研究，基于设计原则开发四款不同门类的儿童功能游戏原型，并获得发展性洞察，形成指向知识思维培养的功能游戏设计复合模型。

目前，在游戏设计研究领域，缺乏一些实质性的、从设计实践角度观照功能游戏设计策略的微观研究，而该书不仅包括规范研究的理论思辨，也包含如何将实用理论应用于反思性实践的设计研究，是一本典型的游戏设计研究著作。该书一方面将在教育学和游戏设计之间搭建沟通桥梁，为设计出符合教育性和可玩性双重目标的功能游戏提供理论支撑；另一方面结合设计学科的实践研究法（Practice Research）与人文学科的规范研究法，同时满足教育游戏设计的主观艺术性和理论推导的逻辑合理性，为游戏设计研究带来方法创新。

该著作其他可圈可点之处，兹不赘言，读者自有明鉴。

最后，希望她继续保持独立思考、勤奋严谨的学术品质，为我国游戏设计研究贡献力量；也预祝蒋希娜老师能够为祖国培养出更多优秀的游戏设计人才。

黄心渊

2019 年 4 月 18 日于北京

前　言

从古希腊先哲亚里士多德确立逻辑学为一门学科，到20世纪70年代英美兴起的思维教学运动，再到我国教育学家们提出"为思维而教"，思维培养在教育领域的呼声越来越高。随着改革的不断深入，市场对学前功能游戏提出了培养玩家思维能力的新需求。目前，存在两种思维培养方式，形式思维训练和学科融入式思维教学：前者是从各学科经验中抽离出来的高度概括的通用方法论，对思维的抽象能力要求较高；比较而言，学科融入式思维教学方法更加适合学前儿童的思维发展水平，将抽象的思维训练融入具体的学科学习过程中，以培养其具备特定学科特征的思维方式。学科融入式思维也就是知识思维培养，因此，本书将知识思维作为学前教育的培养目标。知识思维是指通过某一特定知识系统学习运用后，个体逐渐形成的带有特定系统知识印记的思维方式。游戏作为儿童在认知、情感、社会性等方面的一种发展方式，功能游戏顺其自然地成为培养儿童玩家知识思维的教辅工具。

然而，现有的学前功能游戏产品质量良莠不齐。原因有二：一、学前功能游戏内容呈现"小学化"倾向，形成了"以知识（并非知识思维）为中心"的设计理念，以及以"出题机"模式为核心的游戏机制；二、大部分游戏设计者缺乏对学前思维发展的认识，难以将思维培养的教学设计有机融入游戏可玩性设计框架中。这就导致学前功能游戏设计的教育目的浅表化，功能游戏沦为数字练习册，玩家在游戏中完成背诵、解题等学习任务。虽然玩家的解题速度有所提高，但是此类游戏忽略了培养玩家自主加工和运用知识的能力，遏制了孩子们思维能力的发展。此块内容将在本书的上篇"研究缘起"第二章详述。

本书尝试从知识与思维的辩证关系出发，分析现有学前功能游戏设计存在的问题，基于学前思维教育实践，结合通用游戏设计框架，建构指向思维培养的学前儿童功能游戏设计模型。考虑到不同知识系统的内在机理迥然各异，不同知识思维和游戏核心机制之间的转化方式大相径庭。因此，本研究下设四个子研究，对应中篇的第三章至第六章四个章节，分别从绘画、计算机、阅读、数学这四个知识体系出发，分析培养图形表征思维、算法思维、语言思维和数学思维的功能游戏设计框架，并基于各框架进行设计实践研究，开发相应的功能游戏原型。最后，对设计过程进行反思，分析、总结指向通用知识思维培养的功能游戏设计框架。

作为一项跨学科研究，本研究的主要目标是探索指向知识思维培养的学前功能游戏设计模式，在教育学和游戏设计之间搭建沟通桥梁。一方面基于认知科学分析了不同知识思维的形成原理，另一方面结合游戏理论提取相应的核心设计元素，从而构建功能游戏设计的复合模型，该模型由渐进机制和玩法机制两部分构成。首先，负责游戏关卡推进的渐进机制，包括两个维度：一方面，基于知识模块将关卡划分为不同场景；另一方面，根据学前思维发展的阶段性规律，控制不同场景中相同知识模块的关卡难度。其次，负责单个关卡要素的核心玩法机制，主要包括四个层面：核心玩法的操作步骤映射思维过程的主要环节；次级规则和目标引导玩家运用特定知识解决游戏问题；游戏角色和道具等元素承载陈述性知识；从玩家的现实认知环境中选取相关元素设计游戏场景，以便于游戏化学习成果的迁移。这部分理论研究总结将在本书的第七章详述。

艺术设计研究不同于自然科学或社会科学研究，实证主义的客观性和科学性往往与艺术设计的主观性不太契合，就如同我们无法用科学的范式去衡量哲学一样。在多年的游戏设计学习和研究中，我一直期盼能够有一些实质性的、从设计实践角度观照功能游戏设计策略的微观研究。因此，本书不仅包括规范研究的理论思辨，也包含如何将理论成果应用于设计实践的论述，力求做一份理论建构创新、设计实践扎实的研究，以期为该领域的研究者和从业者提供思考与借鉴。

目　录

中篇　研究过程

第三章　如何设计儿童绘画游戏 / 049
——培养图形表征思维能力的绘画游戏

下篇　研究心得

2600 年前，孔子提倡"以乐（yuè）为教"，认为"乐"不仅为娱乐而生，更拥有着重要的教育作用；如今，索尼娱乐的拉夫·科斯特（Raph Koster）在《游戏设计快乐之道》（*Theory of Fun for Game Design*）中写道"游戏使得玩家沉迷学习无法自拔"（With games, learning is the drug）。因此，游戏从来兼具教育与娱乐双重属性。

马克·平恩斯卡（Marc Prensky）提出"数字原住民"概念，即出生于网络时代的一代人群，出生时间大致在 1980 年后。如今，大部分"数字原住民"已经为人父母，他们的下一代是伴随着数字媒体的一代，被称为"应用的一代"（App Generation）。这代人与数字应用有着与生俱来的亲密关系，一些学者贴切地称之为"Digital Player Generation"，即数字游戏的一代。

当今，广泛的儿童游戏市场中，儿童功能游戏如雨后春笋般涌现，但产品质量良莠不齐，相比较画面设计和技术实现，问题更多地存在于游戏内容设计，即难以在游戏娱乐性和教育性之间实现平衡。我们开始思考如何将"寓教于乐"的教育观念恰如其分地融入游戏设计领域。本书试图立足于游戏设计本体观，以知识思维培养为功能游戏设计的终极目的，分析各类儿童功能游戏产品设计中存在的问题，提出优化设计的原则，形成指向思维能力培养的学前儿童功能游戏设计框架，并基于此框架和各类思维方式的认知特性设计开发相应的游戏产品。

第一章 什么是功能游戏
——构建乌托邦式的学习环境

如果想了解猫科动物的生活习性，大多数人会选择养一只宠物猫，而不是到印度红树林里找孟加拉虎玩耍。老虎是现实世界，危险的；凯蒂猫（Hello Kitty）是游戏世界，安全的。所以，游戏很多时候为我们营造了一个乌托邦式的学习认知环境。因此，我们可以尝试将功能游戏作为构建知识的学习环境，并培养玩家的知识思维。例如：通过代数游戏培养玩家的数学思维；通过编程游戏培养玩家的计算思维；通过绘画游戏培养玩家的图形表征思维；通过阅读游戏培养玩家的语言逻辑思维等。

第一节 功能游戏的概念

区别于纯娱乐游戏，功能游戏可以被理解为不以"纯娱乐"为目的的游戏类型，包括应用游戏、严肃游戏、教育游戏等。

2003年，国际游戏开发者协会（International Game Developers Association）负责人杰森·德拉·罗卡（Jason Della Rocca）在中国国际数码互动娱乐展览会（China Joy）上，提出"严肃游戏"概念，并将其定义为"不以娱乐为主要目的的游戏"；2004年后，在"严肃游戏峰会"（Serious Game Summit）上，严肃游戏概念被继续拓展和补充。其中，值得一提的是，2012年中国传媒大学游戏专业费广正教授在峰会上提出了重要观点，他认为功能游戏不是游戏的功能化，而是游戏概念的扩大，并提出了功能游戏的两点本质：第一，功能游戏可以结合传统游戏的表现手法与自身的科学机理应用于新的受众领域；第二，功能游戏也同时具有传统电子游戏的本质特征。同时，"严肃游戏"概念被我国教育技术领域研究者引入，侧重于功能游戏在教辅培训领域的应用，一些学者直接将功能游戏称为"教育游戏"。2018年，中宣部、教育部、文化部等部门为强化游戏作为媒介的价值导向，推动行业转型升级，联合印发了《关于严格规范网络游戏市场管理的意见》，并提出"功能游戏"概念。

第二节　儿童功能游戏界定

儿童功能游戏的界定主要分为两个方面：儿童和功能游戏。考虑到儿童发展的心理学规律，本研究将儿童的年龄限定为学前（中篇的个别案例将涉及小学低年级儿童）。功能游戏通过与教育游戏概念范畴的对比界定。

一、儿童玩家年龄界定

关于儿童玩家的年龄界定，世界范围内各国对儿童入学的规定各有不同。对于学前玩家，一般以6或7周岁为年龄区间的上限。至于学前期的起始年龄，我们尝试从儿童身体发展（包括脑的发育和身体动作技能的变化）和认知发展方面寻找年龄划分的理论支撑，前者是生物学意义上的划分依据，后者是心理学意义上的划分依据。具体分析如下：

（一）"硬件"起始年龄——生物学意义上的学前

脑由不同的部位构成，新生儿出生时低级中枢已经发育完好，可控制新生儿维系生命的基础功能，如呼吸、消化、排泄等。围绕在其周围的是大脑和大脑皮层，这两部分与学习、感知等高级互动有关。大脑皮层分为不同的功能区，如视觉区、听觉区、语言区等，控制感觉、动作、知觉和智力。不同区域由不同的神经元构成，神经元是大脑和神经系统的基本单位，由神经元细胞分化而来，不同的神经元细胞迁移到大脑的不同区域，承担特定的功能，如迁移到大脑视觉区的细胞将分化成一个视觉神经元。神经元之间的信息通信依靠突触，突触的功能需要被外界环境适当的刺激发生，未收到刺激的神经元将失去突触。因此，在生命早期，脑的发育是生物因素和早期经验两者结合的产物。大脑是最高级的神经中枢，由两个半球组成，半球覆盖着大脑皮层，不同区域的神经元接受环境中的视觉、听觉刺激，各司其职将其编码并传送给大脑中枢，整个过程被称作大脑发育加速期，这个过程在2周岁完成，大脑左右半球的功能分化被逐步建立起来，并最终在3周岁形成大脑偏侧化。

相比其他动物出生不久即可跟随父母觅食自给，新生婴儿是"无助的"，但随着大脑和肌肉的成熟，婴儿的身体动作技能逐步得到完善：在1周岁前逐步实现抬头、翻身、扶坐、爬行和独自站稳；然后开始跟跄行走，1~2周岁婴儿被称作学步儿童；随后，他们的动作技能迅速提高，并在2周岁时能够完成搭积木、爬楼梯和向前踢球等动作；直到3周岁，孩子们能够双脚离地跳跃，沿着直线走或跑。在精细动作发展方面，新生儿第一年经历抓握、准确抓握、钳形抓握；第二年，婴儿的双手更加灵活，开始涂鸦、描画；3周岁的儿童可以在彩色课本中画画。

考虑到脑的成熟和身体基本运动技能的发展是儿童进行认知、思维的生理基础和"硬件"条件，我们将学前儿童（也称学龄前儿童）的生物学起始年龄定在3周岁。

（二）"软件"起始年龄——心理学意义上的学前

关于儿童心理认知发展的主流理论主要是让·皮亚杰（Jean Piaget）的发生认知论和维果茨基（Lev Vygotsky）的社会文化观点。前者基于生物学和认知起源的哲学分支认知论建立了认知发展的一般模型；后者在个体生物性之外，提出了个体所处文化环境对其的发展。

认知发展其实是婴儿寻求认知平衡的过程，根据皮亚杰的发生认知论，认知平衡是指通过同化和顺应这两种加工手段，构建并修正认知图式，以实现个人图式和经验环境之间的平衡和谐关系的过程。因此，从这个角度理解儿童智力发展这一概念，即"认知结构趋于平衡的过程"[①]。举一例加以说明，

---

① 皮亚杰.智力心理学［M］.严和来，姜余，译.北京：商务印书馆，2015：103-128.

只见过马却没有见过麋鹿的儿童会"指鹿为马",他们将麋鹿划入马的过程是将经验环境同化入已有认知图式的过程。通过观察发现,麋鹿没有长长的马尾、不会嘶鸣、头顶鹿角时,孩子的认知平衡被打破;出现认知冲突时,便问"这是什么",这一过程是原有图式顺应环境的变化过程;家长回答"麋鹿",儿童将新的概念增加到已有图式中,完成图式调整、修正,重新达到认知平衡。

婴儿在0~2周岁完成从反射性有机体到反应性有机体的转化,这一变化过程与脑以及身体运动技能的发展密切相关:初生儿大脑发育最好的低级中枢控制的活动中包括除觉醒、生命功能以外的反射,如吮吸反射,但这些反射行为仅限于婴儿自身。随后,婴儿开始关注并区分身体以外的事物,开始形成客体概念(经验环境),具有零星的认知图式。1周岁左右,婴儿的图式开始具有目的性和指向性,也就是解决问题,如婴儿"抓取物体"是一个孤立的图式,可以抓取薄被或玩具。但是当婴儿为了抓取玩具而先抓取掉覆盖在上面的薄被时,"抓取物体"这个孤立的图式,就被目的性地组织成了更复杂的图式。2周岁时,婴儿逐步将自己的行为图式内化成心理表征(或认知图式),存储在记忆中,并将其运用到对以后经验环境的反应中,解决新的问题,即符号功能开始出现,这一使用符号去表征事物和经验的能力一般在3周岁时建立起来。

儿童构造心理符号的能力是转变儿童思维方式的基本能力,不同的符号图式系统形成不同的思维方式,外化为不同的认识世界、解决问题的方法。这一能力将成为儿童功能游戏设计中对玩家认知能力的重要考量标准,因此,我们将研究对象的心理学年龄起点定在3周岁。

综上,我们将学前年龄区间规定为3~7周岁。本研究的部分子研究将这一年龄的右区间扩展至9周岁,即小学低年级儿童。

二、功能游戏与"游戏"的界限关系

我们通过厘清其与父级概念"游戏"和子级概念"教育游戏"的关系界定功能游戏概念,功能游戏与"游戏"的界限关系分析如下:"功能游戏"并非游戏的功能化，而是对传统游戏界限的延伸，是在新受众领域的应用，所以如图1-1所示，功能游戏包含于游戏。

一些读者可能会提出"功能游戏与教育游戏的关系如何"这样的疑问。那么，对于功能游戏与教育游戏的界限关系分析如下：功能游戏是在保持游戏娱乐特性的基础上将其应用于非娱乐领域中的产物，其中非娱乐等于功能，却大于教育。

"功能游戏"不等于"教育游戏"，选择前者作为研究对象的理由如下：

首先，"寓教于乐"，即将教育价值寓于娱乐中，强调的是游戏本身的娱乐性，教育性是其附属，是内隐的，为了避免教育目的浅表化的错误设计观念，我们选择"功能游戏"。

其次，"教育游戏"是教育技术学领域引入该概念时，结合本专业限定的研究对象，是服务于校本课程的教辅材料，属于"功能游戏"的子级范畴。此外，本书考虑从游戏本体设计的角度观照教育游戏，为增加游戏本体研究的比重，强调了教育学、心理学等理论的支撑地位，选择"功能游戏"作为研究对象。

"功能游戏"是指并非为纯粹娱乐而设计的游戏，并不仅仅是教育游戏，游戏内容不仅包含校本课程，更涉及国防、科普、医疗等行业应用领域。游戏目的并不局限于教辅和应试，更包含知识拓展、思维培养和素质熏陶等。

最后，从择词角度考虑，"功能"一词不同于"教育"，可以有效缓解"教育性"与"娱乐性"二元对立的学术惯性，从而避免教育游戏研究领域中

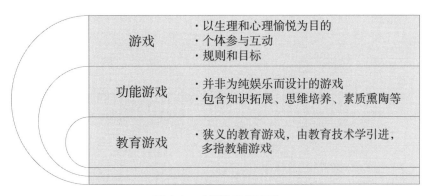

图 1-1　功能游戏界定图

老生常谈的"姓游姓教"的无休止争论。同时，功能游戏试图在游戏的教育性和娱乐性之间寻找某种平衡，与本书的游戏设计初衷一致。

值得一提的是，本研究认为功能游戏的最终目的是培养玩家的思维方法，通过游戏内容刺激大脑神经皮质层的相关区域，从而提高感官皮层以外的前额叶等高级活动处理区域对应的能力，而非仅仅作用于记忆、存储相关学科知识。也就是说，比起传授"太阳从东方升起"这样的天文学课本知识，我们更倾向于引导玩家认识到"宇宙活动具有一致性"的规律，因为其中包含着该学科所特有的解决问题的思维方法。

第二章 如何确立儿童功能游戏设计观

——平衡教育性与游戏性

第一节 儿童功能游戏设计观的发展

我国古代传统教育理念对于思维过程与思维结果的界限比较模糊，如《三国志》中提到的"书读百遍其义自见"，仿佛更加强调思维认知的结果，而忽略了思维认知的过程。当下，一些学生通过记忆和反复练习考试内容获得高分，这一方式往往容易忽略理解知识的过程。由于不清楚知识推理和逻辑思考的过程，习得的知识或技能可以用于应试，却无法举一反三解决其他问题，不具有复用性。因此，古代先贤提出"授人以鱼，不如授人以渔"。

当然，西方学者也提倡引导学习者进行思维训练。苏格拉底认为，人之所以为人，在于人能思维；在柏拉图看来，人运用思维获得真理，这是一个思维过程；亚里士多德为强调获得知识的思维方法而设立了逻辑学。随后，欧洲教育度过了黑暗的中世纪，迎来文艺复兴和理性主义思潮。哲学家们对思维进行了更加深入的探索：康德认为人的思维方式就是作出判断的方式；黑格尔指出"探索事物的性质、缘由和根据，发现事物存在的基础和本质以及目的，靠天才的艺术直觉或某种神秘方式是不可能实现的，只有一个有效的方法，那就是严格的思维"，再一次将思维培养推到了浪潮之巅。

但是，思维过程和思维结果并不是对立的，也就是说，思维和知识技能并不是相对立的：知识和技能的获取是思维方式形成的基础。大脑之所以能够对客观环境作出反应和进行思维，正是基于对经验环境的积累所形成的认知图式，也就是已有的知识。正如弗朗西斯·培根所言"凡有所学，皆成性格"，此处的"性格"是指某学科特有的思维方式，而思维方式的养成必须建立在对该学科知识的学习基础上。举一例加以说明，当你问一位历史学专业的同学"明天的太阳从西方升起，还是从东方升起"时，他会不假思索地回答："当然从东方升起！我是傻子吗？问我这样的问题。"这位同学当然不是傻子，而且他一定很聪明，因为他并没有看到"明天的太阳从东方升起"这个事实，却能够回答这个问题。那么，他是如何解决这个问题的？

我们可以用"归纳偏置"（inductive bias）来解释，虽然这是机器学习理论，却与人类信息加工过程类似。当学习器去预测其未遇到过的输入结果时作出的一些假设，这些假设的集合就是归纳偏置[①]。其实，"明天的太阳从东方升起"这一回答也是假设的集合：第一个假设源于在对历史事件和发展过程的学习中，这位同学归纳了"历史循环往复"，也就是"社会现象之间反复出现的相似关系"，这是基于"历史循环往复"规律和自然现象观察得来的，这一规律是思维过程的假设；第二个假设源于在过去的20多年里，这位同学观察到每天的太阳都从东方升起这一现象，这一现象是思维结果的假设。此时他便尝试用"历史循环往复"这一规律解释太阳升起的这一现象，即获得"太阳也将不断循环往复"，所以明天的太阳依旧从东方升起。

由此可见，如果跳过历史事件的学习，直接告诉孩子们"历史规律的客观性"的话，即使当孩子们观察到太阳每天从东方升起，他们也无法将历史重复和自然现象重复进行类比分析。因为根据行为主义对学习活动的解释，如果事先获得的知识和新知识之间没有寻找到联系（刺激与反应之间的相似性），便不具备迁移学习的条件。也就是说，如果孩子们在习得"历史循环往复"这一知识的过程中，并没有历史事件一次次重复的思维过程，就无法与太阳运动轨迹一次次重复的过程进行类比，也就无法将"历史规律的客观性"这一知识迁移到解释太阳周而复始东升西落的现象上，也就无法解决"明天太阳从何方升起"的问题。其中，"历史规律的客观性"是知识（思维结果）；孩子们通过学习历史事件，总结"历史自我重复"这一规律，并将其内化成"历史规律的客观性"的心理表征，这一过程是思维（思维过程）。

---

① MARCUS M P. Theory of syntactic recognition for natural languages[M]. Cambrige: MIT Press, 1980.

由此可见，思维培养离不开知识支撑，思维源于知识但高于知识。因此，功能游戏培养玩家思维能力的同时，离不开知识支撑。所以，本研究尝试基于不同门类知识体系设计相应的功能游戏以培养玩家不同的思维方式，并形成几个子研究，具体内容将在中篇详细论述。

第二节　现存儿童功能游戏的设计问题

本章将从教育性和可玩性两个方面分析现存儿童功能游戏的主要设计问题，并基于此提出本研究需要解决的关键问题。

一、教育目的浅表化

学前儿童游戏的用户是孩子，但客户是家长，他们有时过分重视游戏的应试价值，忽略对孩子认知思维的培养。一些游戏设计商受市场导向的影响，专注于针对校本知识的引入或巩固，造成儿童功能游戏设计出现教育目的浅表化的问题。例如，大部分学前儿童功能游戏呈现明显的"小学化"倾向，游戏内容设计遵循"知识中心"，主要体现在两个方面：一方面，一些功能游戏设计忽略学前儿童的脑发展状况和学习认知规律，一味灌输专业知识，其中某些内容已经超出了学前儿童的认知水平和接受能力，给孩子造成认知压力，挫败其学习动机；另一方面，一些功能游戏设计虽然关注到儿童的学习成本，传授与其认知水平相符的知识，但仅仅停留在知识传授和技能训练的程度，这种类似于"出题机"的反复练习的游戏模式，不但缺乏思维训练过程，而且影响玩家的游戏兴趣。不同门类的功能游戏教育目的浅表化问题，将在本书中篇进行详细讨论。

二、游戏性设计"外衣化"

通过阅读现有的功能游戏设计文献，试玩应用市场的学前儿童功能游戏，不难发现，大部分游戏化设计流于表面，仅仅为"出题机"披上了游戏这件

"外衣"。具体来讲，大部分产品的游戏性设计并不触及游戏的核心玩法和机制，鲜有触及次级规则，主要是停留在角色场景层和故事层。也就是说，为数字习题册配乐，在UI设计上增加了角色引导和场景环境等元素，从图形界面上看起来"貌似"游戏，但是产品的内核是"出题机"。这种游戏性设计给玩家带来一种被欺骗的感觉，就像被告知去游乐园玩，但进入以后却只能做题。这些游戏性设计流于表面，我们称之为游戏性设计的"外衣化"。各门类功能游戏忽略核心玩法和次级规则的具体实例分析，将在中篇进行具体分析。

三、提炼研究问题

针对上述问题，本研究希望解决功能游戏教育目的浅表化和游戏性设计"外衣化"的问题。

关于解决游戏教育浅表化的问题，设计者需要反思"知识中心"的设计理念，转向"思维中心"，深入思考如何设计游戏元素才能培养玩家的思维能力。基于各门类知识的内在机理，探索特定知识思维的形成过程。在此基础上，分析相关游戏元素与思维过程的映射关系，以及如何设计相关游戏元素以促进思维过程的培养。形成各游戏元素设计原则，并构建指向特定知识思维培养的功能游戏设计框架。

关于游戏性设计"外衣化"的问题，设计者需要从游戏本体出发，了解哪些游戏元素会对思维和认知过程产生影响，如何产生影响，也就是游戏环境中的各种信息，如何作用于玩家的大脑。基于此，分析如何将知识转化为游戏环节中的各种信息，也就是转化为相应的游戏元素，如核心机制、次级规则、道具角色等。如此，才能真正做到教学内容的设计与游戏元素的设计有机融合，而不是"出题机"内核披上游戏"外衣"。

由此，本研究需要解决三个主要问题，其中第一、二个问题将在本书的中篇中作出回应。第三个问题将在第七章中回答，具体问题陈述如下：

（1）不同门类的知识学习如何作用于学前儿童的思维？或者学前儿童不同门类的知识思维是如何形成的？即针对不同知识系统的学习认知规律。

（2）基于学前儿童对不同知识系统的认知规律，解构游戏构成元素，探索特定元素的设计原则，从而建构各门类功能游戏设计模式。

（3）在各门类游戏设计模式探索的基础上，抽象提取出培养各门类知识思维的学前儿童功能游戏通用设计要素及其设计原则，并尝试构建通用设计模型。

第三节　功能游戏框架设计研究

一、前人的努力和积累

1. 我国研究概述

目前，我国较少形成通过功能游戏培养玩家知识思维的研究成果，换句话说，鲜有关于培养思维能力的功能游戏设计研究，将"思维培养""游戏设计"作为关键词搜索中国知网的期刊、学位论文、会议、报纸和年鉴等文献资料，显示40余条相关结果，且集中于2010年后。为了了解更多的相关研究成果，我们分别从功能游戏设计和学前思维培养两个方面梳理我国的相关研究。

搜索"功能/教育/严肃游戏设计"，显示108条相关结果，研究主要集中于2005年之后，2010年之后成为研究热点，且研究关键点集中于教育游戏姓"教"姓"游"之辩、游戏开发技术分析、游戏产业和政策管理，以及游戏作为交互媒介和教辅工具的分析研究。具体的研究主题主要集中于三个方面：功能游戏在不同场景（如技能培训、课堂教学、智能培养等）方面的应用研究，针对不同玩家群体的功能游戏界面设计策略研究，以及功能游戏的发展现状和前景思考。值得一提的是，搜索结果中有一条关于"儿童功能游戏设计界面"的研究，但并没有出现在第一次搜索结果中。细审发现文章专注于美术设计角度，并未考虑认知、脑发育等因素，所以对研究对象的年龄界定并不苛刻，对本研究参考价值不大。

搜索相关领域关键词"学前儿童功能/严肃/教育游戏设计"，显示31条相关结果，这些研究将游戏看作软件或课件的一种表现形式，体现研究者"知识中心"的设计理念，将功能游戏看作校本课程内容游戏化教育实践，游戏完全落入教学辅助的工具化地位。这也是本研究界定研究对象为"功能游戏"的另一个原因，改变游戏的工具化地位，从而改善"教育目的浅表化"的设计现状。虽然目前大部分功能游戏相关的研究处于教育辅助研究阶段，但仍具有一定的借鉴价值，例如，在相关研究中结合儿童心理特征分析了数字游戏与教育的关系，提出了适宜学前儿童的游戏类型[①]。但由于缺乏专业的游戏知识背景，对游戏类型的分类缺乏严谨性，如益智类和角色扮演类，这两者并不是独立的两个游戏门类，是从不同的角度观照游戏，前者是游戏目的，后者是游戏玩法。

搜索"学前思维培养"，显示107条相关结果，其中，2010年前的文献不足15条，且大部分集中于2011年以后，可以看出，教育界开始逐步关注对学前儿童的思维培养，相关研究成为近年热点。另外，我国的学前思维培养主要集中于对学前儿童的创新思维培养，结合幼儿园教育实践提升儿童的语言表达、视觉感知、艺术表现等能力。

总而言之，功能游戏设计方面的研究主要围绕两个方面：一方面为内容设计，主要讨论其在各学科教学或企业培训等领域的设计探究，相比以思维培养为目的的游戏设计研究，我国更倾向于探索以基本技能培训为目的的研究议题，例如《浅谈严肃游戏在计算机基础课程教学中的应用》[②]《中国艺术设计史教育游戏的设计与实现》[③]等；另一方面为游戏元素设计，以图形用户界面设计为主，例如《移动端儿童严肃游戏界面设计研究》[④]《中国传统图案在游戏设计中的应用与价值研究》[⑤]等。然而，现有研究对游戏本体的观照明显不足，主要表现在鲜有涉及游戏核心元素，如目标、挑战、规则、核心机制等。

由此可见，目前我国关于功能游戏设计方面的研究一般从属于教育技术学和平面设计专业，鲜有从游戏本体角度观照的设计讨论。思维认知、知识

---

① 孟晓莉.学前儿童教育游戏软件设计研究［D］.南京：南京师范大学，2011：36-52.

② 谷晓蕾，王梅，谢琴.浅谈严肃游戏在计算机基础课程教学中的应用［J］.电脑知识与技术：学术交流，2011，7（6）：1355-1356.

③ 徐爽.中国艺术设计史教育游戏的设计与实现［D］.北京：北京工业大学，2015：8-12.

④ 王璇.移动端儿童严肃游戏界面设计研究［J］.装饰，2014（2）：110-111.

⑤ 薛吉祥.中国传统图案在游戏设计中的应用与价值研究［D］.上海：上海大学，2015.

思维培养和功能游戏研究处于相对独立的状态，本研究一改相关研究领域单点突破的现状，从系统创新的角度将二者联系起来以期促进两个研究领域的共同发展。

2.国外研究概述

相比较我国的研究状况，国外的相关研究起步较早，已取得阶段性成果。我国的游戏设计主要服从市场导向，纯娱乐游戏设计关注游戏的艺术呈现和技术实现，主要结合设计学和软件工程学的研究范式。国外在功能游戏设计方面虽然还未形成一套成熟的游戏设计研究框架，但是已经确立了以游戏本位为核心的研究思路。接下来主要从游戏设计和功能游戏垂直设计两个角度梳理国外研究现状。

国外数字游戏的研究过程经历了从其他学科研究对象到确立本体研究地位的过程，最初数字游戏作为一种媒介被学者关注，此后不同学科研究者将游戏作为本学科的研究对象，如文化视域下的游戏研究、比较媒介角度下叙事学和符号学对游戏的研究。在游戏研究本体地位确立的过程中也出现过"理论殖民"，如叙事学派（Narrative）认为游戏作为一种表意媒介，可以从叙事的角度去分析。但是，一部分游戏研究者发现叙事学的研究范式无法解释游戏的某些元素和特征，例如游戏的核心玩法、游戏的偶发性等，他们提出了关于游戏的本体研究。然而，游戏本来就是一个跨学科的产物，一些顶级游戏学者，如爱斯潘·阿尔萨斯（Espen Aarseth），呼吁停止"抢占山头"的无意义争吵：因为一些游戏没有叙事，但具备可玩性；一些游戏的外层会加上一个故事背景；更有一些实验游戏，完全通过故事表达设计者的想法。所以叙事和本体并不冲突，我们可以将叙事作为游戏学的一个研究分支，所以形成了游戏叙事（Ludonarrative）。

至此，游戏研究开始探寻独立于电影学、叙事学、符号学等已有框架之外的研究范式，尝试从叙事（游戏故事）、交互（规则）和玩法（元素）三个角度进行功能游戏设计分析。

对于功能游戏的垂直研究主要出现在综合类高校和理工类高校。麻省理工学院（MIT）的"媒体实验室"、卡内基梅隆大学和佐治亚理工学院都设有专门的功能游戏和实验游戏研究分支，相关研究主要与心理学认知、艺术美学等领域交叉。

在指向思维培养的功能游戏设计研究方面，国外已经明确培养意识并作出相关尝试，例如，理工类院校引进"设计思维"、艺术专业培养学生"计算思维"和"算法思维"，并且已经开始出现以功能游戏为教辅工具的方式培养学生的跨学科问题解决思维，例如"通过游戏设计与开发测试学生的计算思维能力"（Assessing Computational Thinking in Students' Game Designs）、"CTArcade系统：通过游戏培养学龄儿童的计算思维能力"（CTArcade: Computational thinking with games in school age children）等，其中以台湾中央大学刘晨钟教授的"模拟游戏对CPS能力培养的设计与影响研究"（The effect of simulation games on the learning of computational problem solving）最为典型，该研究综合了功能游戏和跨学科问题解决思维的培养，并基于实证研究提出了游戏化学习经验与问题解决策略之间的紧密关系，其分析结果对本研究具有重要的借鉴参考价值。[①]

二、研究方案

本研究尝试通过设计功能游戏培养学前儿童的知识思维，具体研究方案分析如下。

理论建构路线如图2-1所示，首先从脑科学角度解构知识思维，为知识思维提供生物学理论支撑；然后通过神经认知科学确立游戏在培养知识思维过程中的作用，并确认获得知识思维培养的认知路径是基于各门类知识思维在问题解决中的灵活运用；最后通过操作性学习从两个阶段入手培养玩家的知识思维的路径：一是传授各门类的基本知识概念，二是运用所获得的知识来解决游戏问题以培养相应的思维能力。

各门类知识思维培养依赖于玩家在游戏过程中运用相应的系统知识解决特定问题，然而不同门类的知识，其思维方式各异，知识的内在机理与游戏核心机制的转化方式大相径庭。为了提取出培养知识思维的通用设计框架，

---

① LIU C C, CHENG Y B, HUANG C W. The effect of simulation games on the learning of computational problem solving[J]. Computers & Education, 2011, 57(3): 1907-1918.

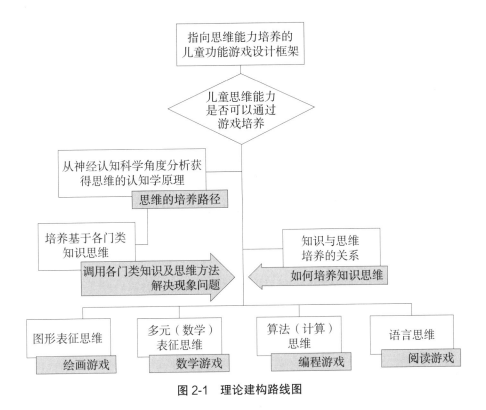

图 2-1　理论建构路线图

我们进行了四项培养不同门类知识思维的功能游戏设计的微观研究。最后，基于四项子研究成果，提取指向知识思维培养的功能游戏通用设计模型。因此，本研究一共包括五项功能游戏设计理论框架：培养图形表征思维能力的绘画游戏设计模式、培养多元表征思维的数学游戏设计模式、培养计算思维的编程游戏设计模式、培养语言思维的阅读游戏设计模式，以及培养知识思维的功能游戏通用设计模型。

三、研究方法

一般的研究方法包括文献法、访谈法、比较研究、历史研究、定量分析、定性分析、案例研究等，如果只是简单罗列研究方法或套用这些方法意义不大。此处结合实际重点介绍：规范研究——建构功能游戏设计理论的主要研究方法，其中包括文献分析、个案研究等方法；设计研究——基于规范研究得出的设计框架进行实例开发，并对设计开发经验进行思考，获得反思性洞察，并进行理论优化；实证研究（如果个人精力和研究体量允许）——将游戏实例作为研究材料，通过观察、记录和测定被试玩家的数据，从统计学意义上验证设计理论框架的科学性。

（一）规范研究

规范研究的哲学基础是先验和思辨，前者是提出理论假设，后者是在解构相关理论的基础上，通过演绎和归纳等方法，建构新的理论框架，研究假设、过程和结果带有主观价值判断。本研究的先验判断是"假设基于合理设计框架开发的功能游戏可以培养玩家的知识思维"，接下来是一个思辨的过程。

1. 论证知识思维可以通过游戏化操作学习获得

基于神经科学、条件反射理论、社会认知理论和信息加工理论分析个体获取信息的过程，建立思维与认知的关系。然后，基于各门类知识思维的认知发展理论，总结儿童获取知识、解决问题，并形成知识思维的过程，同时确认游戏在游戏化认知过程中扮演的角色。

基于学习神经科学的联结主义，结合行为主义学习理论的联结主义，将脑科学与心理学的认知理论联系起来，个体认知过程是一个"刺激—反应"过程。从信息加工论的角度解释这一过程，即个体接受外界刺激，也就是信息输入。信息在中枢神经系统的不同区域进行处理和加工，再将指令传递给个体产生相应的行为，即信息输出。同理，在游戏化学习过程中，游戏即为外界的客观信息刺激。这就为游戏培养玩家知识思维研究提供了心理认知学的理论支撑。

建立了思维与心理认知的关系后，将处理不同信息的思维方式培养与不同知识的学习认知结合，如绘画知识的系统学习过程中，视觉信息的刺激能够增强视觉皮层和右脑艺术处理区的突触联结，个体从而形成图形表征思维。数学知识和计算机知识的系统学习过程中，逻辑推理、问题解决等信息刺激能够增强脑前额叶高级心智处理区的突触联结，促进个体计算思维的形成。当然，个体在学习认知过程中，不同类型的信息刺激下，各皮质层区域中神经细胞的突触联结程度各异，个体将形成不同的思维方式。

由此，我们可以针对不同的知识思维类型，研究其心理认知层面规律，即针对不同知识系统的内在机理特征，分析个体如何完成知识学习并形成相应的思维方式。在此基础上，分析应用市场中针对专门知识系统设计的功能游戏问题，总结其问题成因，并结合正确的心理认知规律和游戏设计原则，提出相应的指向特定知识思维培养的功能游戏设计框架。本书选取的系统知识包括绘画、数学、阅读和计算机科学，以绘画学习环境为例，视觉信息刺激作用于视觉皮层、形成突触联结，我们需要探索如何才能通过基础的大脑处理活动培养知识思维，即不仅是对知识的记忆或技能的反复，而是在知识学习基础上形成特定知识系统的认知图式，并将其运用于之后的认知或问题解决，从而形成特定的知识思维。这就要求对特定知识体系的解构，并将其核心思维方法内化到游戏机制中。此外，由于3~6周岁的学前儿童认知发展过程具有细化的阶段性规律，所以需要将认知过程的阶段性规律和游戏渐进机制设计相结合，使得游戏的内容设计能够更好地贴合玩家的思维发展规律。

接下来，分析功能游戏如何作为培养知识思维的教辅工具，功能游戏的构成要素与相应知识系统的内在机理之间的关系如何，与游戏化学习过程环节之间的关系如何。

2. 功能游戏作为知识思维培养的媒介工具

第一步，需要搭建知识思维培养与功能游戏之间的桥梁，因为前者是认知目的、后者是认知工具，所以知识思维培养与功能游戏的交叉区在认知，从而了解游戏在知识思维培养过程中扮演的角色；第二步，需要解决的问题是"如何设计游戏才能使其更好地培养知识思维"。那么，我们需要了解游戏是如何培养玩家的知识思维的。这就需要：首先解构知识思维，寻找知识思维与认知的结合点；然后解构游戏化学习，寻找游戏元素与认知的结合点；最后通过认知结合点，建构二者的映射关系。

首先，基于脑科学和神经科学的研究发现，大脑的思维活动区域集中于皮质层，皮质层由神经胶质细胞和神经元细胞组成，神经胶质细胞辅助神经元细胞接收外界信息、加工信息，从而完成认知活动。由此可见，在学习过程中，知识也就是外界信息。知识可以分为两种类型：描述性知识和程序性知识。描述性知识也就是概念性知识，程序性知识是指加工概念的方法性知识。同理，游戏过程中，游戏本身也就是外界信息，游戏元素可以分为两种类型：描述性元素，即场景、故事、角色、道具，可以用来承载描述性知识；程序性元素是指规定、操作描述性元素行为的游戏元素，如规则、机制等，可以用来类比程序性知识。

确认了游戏化操作与学习过程、知识与游戏元素之间的映射关系，了解了知识思维的形成是建立在概念学习的基础上，个体再通过应用概念知识解决问题，在这个过程中逐渐形成知识思维。由此可知，我们设计的游戏首先要满足玩家对不同知识进行系统学习的需求，然后引导玩家将获得的系统知识运用于解决游戏问题，从而获取不同的知识思维。

接下来针对不同的知识思维形成规律，结合现有游戏设计框架和原则，构建指向知识思维能力培养的学前功能游戏设计框架。

3. 游戏关卡和渐进机制设计构想

通过案例分析现有功能游戏设计存在的问题，并尝试通过结合认知理论和游戏设计理论，提出解决问题的方案，即设计框架。这个设计框架有两部分价值判断，一方面引导玩家学习知识概念，另一方面引导玩家进行知识思维。首先，功能游戏作为认知工具能够帮助个体获得系统概念知识（Concepts），然后引导玩家进行实践运用（Practice）以解决问题、获得思维（Perspectives）能力，因此，特定知识系统下的功能游戏设计需要一个从概念传达到知识运用的渐进机制，也就是前置场景关卡负责概念知识传达，后置场景关卡负责运用知识解决问题、获得思维方式。

渐进机制负责关卡间的过渡和发展，单个关卡内设计需要诉诸核心机制设计。而关卡核心机制需要依据所选择的知识点内在原理进行设计，因此，对于不同门类的知识习题，将形成指向特定的核心机制设计模式。

由此可见，游戏经验对应游戏学习过程，游戏基本元素（目标、挑战、角色、场景、道具等）对应相关知识门类的基础概念，游戏机制和核心规则对应该知识门类形成的解决问题的思维方法。在此基础上分析游戏基本元素的设计原则、游戏核心机制与规则的设计原则，从而构成指向特定知识思维培养的功能游戏设计模式。最后，提取各门类（如图形表征思维、计算思维、数学思维等）功能游戏设计框架的共性，建构培养知识思维的通用游戏设计模型。

（二）设计研究

传统的质性研究过程是首先提出理论或猜想，然后通过实证数据验证理论或猜想的正确性，在质化和量化研究的学术研究方法之外，还存在一种设计研究方法。对于设计学理论的构建，在规范研究的过程中需辅以设计研究。也就是说，初步建立理论猜想后，将其运用于指导游戏设计实践，通过实践过程验证理论猜想的科学性，并基于实践过程优化迭代理论框架。

设计研究开始于20世纪60年代，于1962年在伦敦帝国理工学院关于设计方法的会议上被首次提出，并于1966年成立了设计研究会。后来，相继在MIT开设设计研究实验室，在伦敦皇家艺术学院创立了设计研究系，亚契尔（L. Bruce Archer）成为该领域的第一位教授。设计研究会的宗旨是在各个领域促进对设计研究方法的进一步探索，特别是应用学科领域。

实证研究的目的是通过实验获得量化数据，并通过数据验证理论的真伪。而设计研究是一种典型的实践研究，实践研究过程并不必然产生量化实验结果。对于某些艺术和人文研究，如评价某种艺术创作或设计方法的优劣，存在太多主观判断因素，其研究结果无法通过量化数据验证，而是通过艺术家或设计师将这种创作方法运用到艺术实践中，并通过反思其实践过程，获得发展性的洞察。这一过程也就是设计研究领域的"元设计"（Meta-design），属于实践研究。实践研究包括多种形式，如纯艺术（Fine Art）领域的实践研究（Practice-as-research）、设计研究常用的基于实践的研究（Practice-based Research）和实践主导的研究（Practice-led Research）等。[1]研究者通过仔细分析经验过程，获得对理论或概念的反思和发展性洞察。[2]

其实，游戏学领域的很多知名研究者习惯使用设计研究（Design Research）这种研究方法，如知名的实验游戏设计者兼游戏学者杰斯珀·尤尔（Jesper

---

[1]　FUSCHINI L A. Practice-as-research: in performance and screen[J]. Macmillan, 2009: 212-248.

[2]　CANDY L. Practice based design research: a guide[J].CCS report, 2006, 1(2): 1-19.

Juul），他往往在完成游戏思考后，将自己的概念和想法付诸设计一款游戏作品；又如研究功能游戏领域的教授卡斯珀·哈特韦伯（Casper Harteveld），他的研究往往是通过游戏模拟解决现实问题；也有激浪派艺术家兼游戏学教授西利亚·皮尔斯（Celia Pearce），鼓励学生把自己对偶发艺术和游戏的思考或创意，投射到对实验游戏的设计和创作中，并在创作的过程中获得对游戏新的认识。

这也许就是应用型学科与基础型学科在研究方法上的区别，后者更多是规范研究，通过观察实验或经验数据形成一个标准的、放之四海而皆准的自然和社会发展的客观规律或公理。而设计研究方法对实验数据并不苛求，实验或经验本身并不必然形成研究成果，反而强调对实验或经验本身的思考分析。推而广之，游戏设计过程也是游戏研究的一部分，设计实践并不必然形成（量化）研究结果，但设计过程本身是一个反思性实践，研究者（设计师）对其实践经验的反思必不可少。

本书的各门类功能游戏设计模式研究中都将套用设计研究方法，首先构建设计理论模式，然后基于该模式设计开发一款功能游戏原型实例，并在设计开发过程中进行反思，优化规范研究得出的设计理论。因此，在指向各门类知识思维的功能游戏设计框架的基础上开发相应门类的功能游戏，详细阐述案例的构思、机制、核心玩法、渐进机制和其他设计的游戏元素设计原则，并基于设计过程进行反思，改进游戏设计模式。

（三）实证研究

实证研究的哲学基础不同于规范研究，后者强调形而上的先验和思辨，带有主观价值判断；前者的哲学基础是实证主义，回避价值判断，强调经验论证的客观性和科学性。规范研究的结果往往是一个程度判断，而实证研究的结果是对事实检验的真伪判断。

本研究是游戏设计和儿童学习认知两个领域的交叉研究，因此，本研究不但要进行设计研究，在个人经历和研究体量允许的情况下，本研究最后将进行实证研究。也就是说在提出设计框架的基础上，设计相应的游戏，并进行实证研究，通过数据量化验证设计框架的科学性。

本研究将根据不同学科的游戏设计框架开发对应的功能游戏作为干预测

试材料，选择若干5~10周岁的儿童作为被试样本，根据认知理论分析生成测试标准，基本实验过程如下。

样本在干预前进行测试，得到前测成绩（pre-score），干预后再测试，得到后测成绩（post-score）。分为两组，第一组按照正常的教学方法进行，第二组进行游戏化学习干预。在此基础上，利用配对样本t检验（t-Test）配对体，对比玩家的前测成绩和后测成绩，如果$P \leq 0.05$，则具有统计学意义，那么研究假设得到证实，即所构建的游戏设计框架能培养玩家该学科问题解决思维。

四、理论支撑

如上文所述，本研究是游戏设计和儿童认知两个领域的交叉研究，根据上文的研究方案设计，为了构建指向知识思维培养的学前儿童功能游戏设计模式，研究需要四个部分的理论支撑：脑科学和神经科学、认知心理学、学前儿童对特定知识系统的学习认知规律和游戏设计理论。

首先从生物学角度论述游戏培养知识思维的可行性，游戏可以作为客观环境的信息承载形式，个体接受客观环境中不同类型的信息，刺激中枢神经系统的不同皮质层区域，这一块需要的理论支撑主要来自脑科学和神经科学。

基于第一块生物学基础，我们需要搞清楚游戏所承载的信息或内容如何编译或设计才能科学地刺激大脑并培养相应的知识思维，也就是形而上的知识；或是在信息系统刺激并影响形而下的人脑神经细胞，并对大脑思维产生影响的基本规律，也就是第二块关于认知心理学的理论支撑。

接下来，不同类型的信息刺激指向特定的知识系统，因此，我们需要了解特定知识系统的认知过程，以及学前儿童形成不同知识思维的认知规律。

最后，基于特定知识思维形成的规律，结合普适游戏设计框架，建构指向特定知识思维培养的功能游戏设计模式。

（一）学习认知理论

1. 学习的神经科学

学习的神经科学是从神经系统的组织和结构出发，总结其区域化和内部连接的特征，并在此基础上从信息技术系统、记忆网络和语言学习三个方面解释学习神经科学的生理学机理，从而提出学习神经科学角度的动机和情绪理解，以及基于认知神经科学的教育实践。我们关注的学习神经科学的研究主题是探索神经系统（主要是中枢神经系统，由大脑和脊髓组成）和学习行为相关性。接下来分别介绍中枢神经系统的微观构成、大脑皮质层主要分区和功能及神经科学角度理解认知、动机和情绪。

（1）微观构成。

中枢神经系统由神经元细胞和胶质细胞组成，前者负责信息传递，后者扮演"清道夫"的角色支持前者工作。神经元细胞之间传递信号主要依靠树突和轴突，树突负责输入，轴突负责输出。轴突尾部是突触，通过其尾部的神经介质与其他神经元细胞的树突产生反应。大脑处理信息，产生指令，通过脊髓控制肌肉和肢体动作。

（2）皮质层分区。

大脑处理信息的主要活动区域在皮质层，学习、记忆和感觉信息加工都发生在这里，当然还包括一些其他关键区域，丘脑、杏仁体、海马体、胼胝体和布洛卡区、韦尼克。大脑皮层分为两个半球，每个半球包括四个叶（枕叶、顶叶、颞叶和额叶），具体脑区和对应功能如表2-1所示。左右半球处理的活动属性不同，不同叶区处理的信息类型各异，某种程度上具有区域化控制的单侧化特征，但事实上，不同的大脑区域间是相互合作交换信息和调节行动的，这就为不同门类知识思维的培养提供了神经学基础。

表 2-1　大脑功能分区

脑区	功能
丘脑	将除嗅觉（直接进入皮质层）以外的感觉信息传递到大脑皮层
杏仁体	控制情感，评估感觉信息是否有害
海马体	负责短时 / 工作 / 瞬间记忆，信息一旦在长时记忆中编码，便从海马体消失
胼胝体	联结大脑左右半球的纤维组织，左右半球传递信息的连接桥梁
枕叶	视觉皮层，识别、加工、编码视觉信息，如运动、颜色、深度和距离等
顶叶	前半部处理触觉信息（触感 / 温度 / 疼痛压力），对应身体固定区域调整姿势；后半部分整合触觉信息，改变对身体各部分的注意程度

续表

脑区	功能
颞叶	听觉皮层，识别、加工听觉信息，向肢体发出指令、产生行动
额叶	前额叶区：高级心智活动发生的地方，记忆、计划、决策、问题解决。额叶的运动皮层和小脑合作控制运动
布洛卡区	运动皮层前部，控制语言产生
韦尼克区	枕叶、顶叶和颞叶在左半球的交叉区域，理解语言、使用合适语法

不同脑区由不同类型的神经元细胞构成，不同神经元细胞的突触接受不同的外界信息刺激，不同的信息刺激对应不同的知识类型。例如，视觉皮层的突触联结需要来自客观环境中图像、色彩等信息的刺激，我们可以针对性地设计一款绘画游戏；语言处理脑区的突触联结需要文字、符号、声音等信息的刺激，我们可以针对性地设计一款阅读游戏。因此，我们首先要探究不同门类的知识是如何影响接受者的思维的；然后，基于影响规律分析设计模式和开发各门类功能游戏；最后，结合针对不同脑区的功能游戏设计模式，建构指向知识思维培养的学前儿童功能游戏设计框架。所以，本研究将针对不同脑区设计各门类功能游戏：设计开发针对视觉皮层训练的绘画游戏，针对前额叶皮层训练的数学游戏和编程游戏，以及针对语言处理脑区训练的阅读游戏。然后基于对不同门类的游戏设计模式研究的思考，建构指向知识思维培养的学前儿童功能游戏设计框架。具体内容将在中篇呈现。

（3）神经科学角度的认知解释。

从学习神经科学角度来说，认知是神经突触建立的过程，丘脑将感觉器官的信息刺激传递给皮质层各记忆区进行对比，被保留的信息传递到工作记忆区（主要是前额叶）进行加工后，信息被传递到长时记忆区（目前还不清楚长时记忆区域范围）。反复的外界信息刺激会改变突触和树突间的电信号和化学信号，从而巩固和改变突触网络。同时神经网络对客观信号的反应也会发生相应的改变，也就是说外界刺激和大脑的神经网络之间是相互作用关系。

同样也可以从神经网络的角度理解动机和情绪，动机状态是大脑系统加工奖励后产生麻醉剂激活愉悦的神经网络，使机体达到亢奋状态。情绪在神经科学领域尚未被完全理解，但是情绪会影响注意力、学习和记忆活动，因此，适当的情绪投入能够促进认知。但是过量的情绪投入（如压力或威胁）会产生皮质醇，过多地积累皮质醇将负面影响海马区记忆功能和认知功能。

2. 条件反射理论

条件反射理论也称为行为主义理论，该学派的研究者们认为，相较于个体的内心活动，外在行为才可以进行研究。他们主要从"刺激—反应"关系的角度研究学习和认知，也就是从"环境—行为"的关系角度解释学习认知过程。神经科学家解释认知是神经系统中突触网络联结的过程，而行为主义理论家认为认知是刺激与反应之间形成联结的过程。行为主义理论大致经历了两个主要发展阶段：第一阶段包括桑代克的联结主义、巴普洛夫（Ivan P. Pavlov）的经典条件反射论和格思里的临近条件反射论；第二阶段主要指斯金纳提出的操作性条件反射理论。理论的基本过程和模式与游戏化认知之间存在千丝万缕的关系，具体分析如下。

（1）联结主义。

桑代克的联结主义属于行为主义理论，带有实用主义印记，特别是效果律中对强调行为的解释，即带来满意结果的行为或反应才能被学习，因为这样的行为和反应能够使个体更好地适应所处的环境。因此，游戏中应该适时地给玩家以正向反馈，保证玩家对游戏操作的满意度，玩家更容易学会过程中的操作规则。此外，联结主义的联想性转换观点，刺激的性质一点点发生改变的过程中，个体也会随之作出反应，甚至对与最初刺激完全不同的刺激作出反应，例如学习者可以通过学习个位数除法，扩展到两位数、三位数，甚至解决非整数除法问题。这一观点运用于功能游戏内容设计中，可以与游戏渐进机制相结合，例如，理解"合并同类项"方法是可以先将问题拆解为理解"系数"概念，然后逐步过渡到最终的知识点，具体游戏设计方案将在中篇的数学游戏设计研究中详细论述。

最后，联结主义有关迁移的解释，在行为主义理论学派下，迁移可以理解为泛化。也就是个体对某一刺激产生反应，也可对其他刺激产生反应，但两种刺激之间需要存在类似情境元素。这也就是说，功能游戏作为游戏化学习环境，玩家获得的知识和思维方式可以运用于其他环境，如解决现实问题。但是，对游戏环节的设计有要求，必须与客观条件之间存在类似情境元素，也就是说相较于"出题机"模式，"现象学习"设计更能够实现游戏化过程中所学知识的迁移和实际应用。

（2）经典条件反射理论。

巴普洛夫通过一些动物研究发现无条件刺激（Unconditional Stimulus）与无条件反射（Unconditional Response）的关系，并在试验中增加了条件刺激（Conditional Stimulus），发现也引起了被试动物与无条件反射相似的条件反射（Conditional Response）。条件刺激也能够促使个体作出回应，这也就为人为干预认知活动提供了行为主义的理论支撑。此外，巴普洛夫在联结主义"泛化"概念的基础上提出了"辨别"的互补概念，也就是说个体可以识别条件刺激和类似刺激，并对后者不作出反应或条件反射。由此，他认为条件反射不受条件刺激和无条件刺激是否同时出现的影响，更多取决于刺激传达无条件刺激可能出现的信息的程度。①推而广之，游戏设计反馈时，可以根据玩家的喜好设计关卡奖励，如拟物化风格的可口水果或玩具。

（3）临近条件反射论。

格思里的临近条件反射理论建立在联想学习原理之上，提出刺激和反应的临近性思想，临近学习意味着某情境刺激下的反应行为，在该情境重现时会出现相应的反应行为。格思里将行为的表现形式分为动作和行动两个形式，前者是肌肉收缩产生的单个动作，后者是一系列动作组成的行为。认知活动通过情景刺激和行为反应的成对出现而实现，格思里认为学习的关键机制是环境刺激与个体反应行为之间的时间临近（contiguity）。此外，情境反复出现的过程中刺激发生变化，个体相应地改变动作和行动，然后用于不同的情境（相同要素）中，即产生迁移。游戏这种方式相比传统课堂教学更加符合临近条件反射原则，传统课堂环境中的教师语言刺激学生，如果仅仅从行为反馈的角度来说，除了发言，学生以被动接受为主，少有反馈，主要集中于课后通过作业反应。而游戏过程中，游戏系统传达的信息（刺激）和玩家操作

① RESCORLA R A. Intentional behavior and motivation: a cognitive theory by francis
　　[J]. American scientist, 1972(5): 640.

（反应）之间的交互是实时进行的，这一实时交互形式符合临近原则，即格思里游戏化学习的关键机制。

（4）操作性条件反射理论。

斯金纳提出操作性条件反射理论的研究前提是"相较于内心活动，个体行为才可以进行研究"，因此操作性条件反射的普遍意义受到了认知心理学家的质疑，忽视了心理过程，对人类认知的解释是不完善的。但其原理对个体认知过程中行为的研究成果被广泛应用于教学和学习领域，他认为学习是"复杂情境中各种反应的重新组合"，条件反射是"强化引起行为的加强"[①]。S型条件反射（反应）是对刺激作出的基本的反应性行为，R型条件反射虽然对刺激作出反应，但受到结果的控制，从效果指向来看具有操作性，称作操作性行为。

因此，斯金纳的操作性条件反射理论在之前的"刺激—反应"的传统行为主义理论基础上增加了强化环境，也就是"辨别性刺激（环境信号）—反应（个体行为）—强化刺激（环境信号）"三项相倚关系模式。强化是指增强反应作用，强化物（或奖励）是反应之后出现的，能够增强该反应的环境信号刺激。如果没有强化，"刺激—反应"之间的联结强度将会下降，甚至消退。推广到功能游戏设计，玩家完成关卡任务后，可以以动画形式呈现游戏环境的改变和系统奖励；另外，根据比例强化安排原理（根据反应的数量和频率予以强化），可以在可玩性测试时搜集玩家反馈调整关卡难度和奖励力度。

斯金纳拓展了巴普洛夫对"辨别"概念的研究，辨别是泛化（迁移）的互补过程，他认为个体不但可以区分刺激与类似刺激决定是否作出行为反应，更可以根据刺激和环境信息的不同特征作出相应的行为反应。运用于游戏设计中，《游戏设计快乐之道》一书中提出"游戏是亟待解决的问题"（Games are puzzles to solve），这一观点已经被教育学和游戏学领域普遍认可，很多研究将游戏作为问题环境培养玩家的解决问题的能力（Problem-solving Skills），如路径规划中，玩家需要识别不同的关卡中角色位置、终点位置和障碍物位

---

① SKINNER S M, SAVAGE R L, RUTZLER J E. Electrical phenomena in adhesion: Electron atmospheres in dielectrics[J]. Journal of applied physics, 1953, 24(4): 438-450.

置，从而设计相应的战斗路线，斯金纳的"辨别"为玩家在游戏过程中的问题识别提供了理论支撑。

斯金纳的另一个关于行为改变的重要观点"塑造"，即通过操作性条件反射进行行为改变的基本方法，也就是说通过一系列的操作性条件反应能够改变个体的行为方式，其实这是对三项相倚关系的深化理解。斯金纳将多个顺序联结的三项相倚联结（A-B-C）活动称作链接，环境刺激作用于个体行为，行为结果或效果（环境反馈刺激）强化或减弱个体行为，环境反馈刺激又将引发下一步个体行为，如此循环往复。运用于游戏设计语境中，一般游戏关卡设计（引入关卡除外）要求玩家通过多个动作或行为才能完成任务，这一过程中，玩家将多次调整自己的行为以完成挑战，"链接"为多行为操作关卡设计提供的理论支撑。

总之，桑代克的联结主义强调满意结果对反应的作用，也就是游戏任务是否完成，需要在游戏环境中呈现；巴普洛夫的经典条件反射理论强调条件刺激传达无条件刺激可能出现的信息的程度，可以运用于游戏仿真的真实性程度上；格思里的临近条件反射理论解释了相较于传统课堂互动方式，游戏化学习的优势；斯金纳的操作性条件反射理论从行为主义条件反射角度解释了多行为操作关卡设计、游戏问题识别设计、关卡难度渐进机制以及奖励与反馈设计的合理性。但是，条件反射理论学派专注于个体行为探索，为本研究理解玩家操作行为提供了理论支撑，其实证研究的科学性使得该学派风行于20世纪前半叶。然而忽略内心活动的研究前提导致其理论在解释玩家认知过程上是不完善的，有关内心活动的理论支撑将在20世纪中期兴起的社会认知理论中具体论述。

3.社会认知理论

条件反射理论专注于研究个体认知活动中的外显行为，对个体内在活动并无观照，这一缺陷使得行为主义的普遍意义受到社会认知学者的质疑，认为"行为—反应"论对人类认知活动的解释是不完善的。人类的认知活动除了外显性的行动性活动（自我实践）外，还包括榜样观察等代替性学习活动（观察、阅读、倾听），因此，社会认知理论者拓展了认知研究的现象领域，以三个要素分析人类认知活动：个人因素、行为和社会环境。主要研究这三者的三元交互因果关系模式，探讨自我效能感和模仿等关键问题。

（1）自我效能感。

自我效能感是社会认知理论研究的核心概念，指个体对自我学习或行为活动能够达到某一水平的信念，可以"粗陋"地理解为"自信心"。个体在社会环境中获得的各种成就感能够内化为自我效能感，这点不难理解。此外，榜样为自我效能感的策略提供了重要信息，如同伴榜样能够改善儿童的亲社会行为或建立自我效能感。在动作技能习得方面，自我效能感可以起到预示动作技能习得和表现的作用，实验显示，动作技能习得过程中自我效能感与目标呈正相关。

也就是说，通过体感游戏提升玩家的动作技能时，可以在关卡难度设定过程中安排合理的任务难度（目标）。根据社会认知理论，个体的激励过程包括目标设定、结果期待因素，个体为了实现结果期待，需要针对相应的目标设定认知地图，个体完成设定目标、强化行为反应，自我效能感增强。因此，游戏关卡目标应具有特定性、渐进性和难度适当三种特征，特定性是指单个关卡需要完成的既定目标，渐进性是指纵向难度设定，难度适当是指关卡目标设定需要考虑玩家的结果期待。

（2）模仿。

模仿最初源自"仿效理论"，认为仿效是个体对别人行为本能的复制；后来皮亚杰提出图式理论，认为仿效能够创造修改认知结构；条件反射论基于联想心理学观点解释仿效产生于相同反应或辨别性得以强化；还有学者提出仿效是一种试错性的工具性行为。在此基础上，结合社会环境因素探讨模仿的功能包括反应促进、抑制或去抑制、观察学习。

反应促进，即"从众"或"变色龙效应"，个体会不自觉地模仿所在社会环境中他人的行为举止，如地铁到站后个体会随人流方向出站。在游戏过程中，玩家会根据游戏环境的新手指导进行交互操作。抑制或去抑制，也就是说个体通过判断榜样行为的结果信息决定采取或放弃自身行为，例如，游戏教学关卡中的道具使用和玩法操作可以完成任务，玩家便记录、组织和存储玩法信息。观察学习，这是区别于行为主义研究领域的代替性学习现象，子环节包括：注意（接收信息），关注到榜样行为；保持（加工信息），对榜样行为信息进行组织、编码、转化和存储；复制（符号表征外显），个体将榜样行为的表象信息概念化、符号化后，运用于新的环境，转化为外显行为。观察学习流程贯穿于游戏化学习的全过程，玩家接受新手关卡的玩法信息，通过记忆加工形成自己的玩法图式，然后运用于解决新关卡环境的问题。

不同流派学者运用模仿解释动作技能的学习，包括闭环理论、图式理论和社会认知理论。亚当斯的闭环理论认为动作技能的学习是通过"练习—反馈"形成的内部知觉，这一过程中有两种记忆机制起作用，能够产生相应行为反应的记忆机制（环境相似因素）和基于评价的记忆机制（目标）。图式理论运用模仿解释动作技能的学习，认为存在两种图式类型，回忆图式唤起个体行为反应，识别图式评价个体行为反应，正向评价将强化个体模仿行为。社会认知理论假设动作技能学习是构建某种心理模式（认知表征），这一模式能够为个体行为提供相应技能的概念性表征，并作为以后反应行为的评价、矫正标准，显而易见，社会认知理论的观点建立在图式理论基础之上。

（3）图式理论。

图式是教育心理学研究的重要概念，在图式理论研究过程中，主要包括三个具有重大影响的图式思想，分别是康德的先验图式说、皮亚杰的反射图式和认知结构理论以及现代认知心理学的图式观。

图式从Schema翻译而来，Schema一词具有模式、框架等意思。顾名思义，图式是指认知过程的模式，主要解释知识的获取和表征内化问题。康德作为理性主义先验论的代表，在他的批判三部曲的第一部《纯粹理性批判》中提出"图式"的概念，继承了客观唯心主义先知柏拉图的观点，认为纯粹的理性先天存在于人脑中，用于认识后天感性经验，在先天理性和后天感性之间需要一个桥梁，这个桥梁必须兼具理性（抽象）和感性（具象）特性，也就是"先验图式"。因此，他认为图式是帮助我们认识世界的先验结构，主体借助图式才能综合统一先天理性和后天经验完成认知。[1] 由此看出，康德在其后期思考中逐渐调和经验论和唯理论，我们所熟悉的格式塔心理正是基于这一先验论图式观发展而来。

---

① 惠莹. 试论康德、皮亚杰和现代认知心理学的图式观［J］. 社会心理科学，2010，25（9）：21-24.

皮亚杰的图式观与康德不同,康德认为所有的认知图式都是固有的、先验的、不变的。而皮亚杰认为新生儿只有一些反射性的先验图式,这些图式一般是简单的、孤立的,如吮吸图式、抓握图式,这些认知图式会随着婴儿对客观经验世界的探索而逐步联系起来,通过同化和顺应两种方式逐步形成更加高级且复杂的图式结构,如前文所举的"指鹿为马"的例子。除了简单动作图式到复杂动作图式的变化,皮亚杰还提出了外部动作图式向内部思维图式的变化规律,如"为抓到玩具而抓起床单",当婴儿将孤立的抓握动作图式组合起来为解决某个问题时,不但形成了较为复杂的动作图式,孤立的单个抓握动作图式发展为连续的抓握动作图式,而且将抓握动作图式内化为心理符号,在需要解决问题时多次调用这个心理符号,如此便完成了从初级的反射性运动图式到高级的反应性思维图式的转变。虽然,皮亚杰的发展观和认知理论是建构主义的代表,但他通过动作在唯理论和经验论之间搭建了主客体联系的桥梁,虽然带有深刻的生物学印记,但其通过解决主客体矛盾来修正和建构思维图式的方式,与斯金纳的行为主义学习理论具有共通之处。

20世纪70年代,认知心理学的确立对教与学产生了巨大的影响。现代认知心理学的图式观不同于康德的先验主义和皮亚杰的生物学倾向,他们从学习的角度,基于经验观察和实证研究,其中的代表学者鲁美哈特认为图式是人在特定领域中抽取出的共同元素的集合[①]。一个图式可以包括若干子图式,图式之间相互连接形成知识网络,也有学者用来解释知识在记忆中的存储模式,人类认知活动研究趋向于对信息加工过程的研究。

4. 信息加工论

认知心理学研究受现代传播学、计算机科学和神经科学发展的影响,认为个体接受、处理信息的过程类似于计算机处理信息的过程:客观环境刺激进入感觉登记,信息加工开始;被注意的刺激与长时记忆中的信息进行比较,也就是为刺激指定意义,属于知觉处理阶段,未被注意的感官刺激(也称感觉刺激)很快被删除或被新的刺激替代;能理解的信息进入工作记忆进行下

---

① RUMELHART D E, NORMAN D A. Analogical processes in learning: technical report, April 1979-August 1980[J]. Analogy, 1980: 38.

一步加工，信息在工作记忆中只停留数秒，信息被拆解成命题和节点（线索），通过激活扩散与长时记忆中的知识建立联系，未建立联系的信息很快被释放掉；能够建立联系的信息通过意义化、组织、精细加工和图式结构等编码方式，与长时记忆中的知识建立联系，并被存储进长时记忆网络中。可以看出，信息加工论认为个体认知过程是分阶段加工的，分别经历了刺激输入（注意）、感觉登记（知觉意义赋予）、工作记忆和长时记忆，最终新的感官刺激被编码整合，形成新的联结并存入长时记忆网络中。功能游戏设计者对个体认知每个环节的深入理解，有利于更好地将知识思维和游戏元素相结合，具体分析如下。

（1）刺激输入（注意）。

对刺激输入研究形成的认知学成果是注意理论，其中过滤理论（瓶颈理论）很好地阐述了环境中的客观信息是如何在感觉登记被选择的。感觉登记根据信息的物理特征进行选择，感觉刺激的物理信息激活了部分长时记忆，进入知觉系统后进一步加工，未进入知觉系统的信息则被过滤掉，因此，注意是个体认知的前提条件。

个体的注意量是一种有限资源，所以在游戏设计时我们可以有意突出游戏的交互区，以防背景设计本末倒置，减少其对主要交互区的干扰，节省玩家的注意量、降低认知负荷。另外，某些信息加工已经自动化，个体无须太多有意注意便可调用，如一些游戏玩法和操作指法可以结合玩家已有习惯进行设计。

此外，后续有关培养语言理解能力的阅读游戏的设计中，数字绘本内容的设计应该与阅读过程中的故事原型紧密贴合，引导玩家将注意力集中在重要的内容上，以便为记忆和提取环节做恰当的事先加工。另外，不同的场景应该诉诸不同的阅读目的，因为不同的阅读目的对玩家的注意力要求不同，这样能够从提取故事概要、理解新内容等不同角度训练阅读者的注意力。

（2）感觉登记（知觉）。

感觉登记，顾名思义是对感觉刺激的知觉登记，也就为感官刺激赋予知觉意义，因此是知觉意义化的过程。虽然，感官刺激在感觉登记中停留不到一秒钟就被转入工作记忆或清除，但这一过程尝试记忆中知识和信息的比较，能够建立联系的刺激被登记为知觉信息转入工作记忆接受进一步加工，反之则被清除或被新输入取代。

与长时记忆的比较受个体经验和知觉期待的影响，是与已有网络的模板匹配，匹配过程被提炼为原型理论，也就是说被注意的感官信息在感觉登记过程中与长时记忆中的原型进行比较和匹配。原型理论后来发展为两个更易解释的分支理论：原型模式，也就是感觉刺激无须在长时记忆中寻找完全一致的知识或信息，只需提取其基本成分的抽象形式进行匹配；特征分析，相比抽象形式更具有广泛意义，个体只需比较长时记忆中存储刺激的重要特征，即可确定感觉刺激是否被登记。

长时记忆中的模板匹配模式一般存在自下而上和自上而下两种：前者首先通过分析感官刺激物的特征，然后建立一个识别刺激的有意义的表征；后者首先构建一个相关的意义背景，然后推断和细化刺激物的特征信息。前者的匹配过程较慢，后者较快。大部分的认知活动中，两种模板匹配是共同使用的。不过在学前功能游戏设计中，玩家对特定知识体系并不了解，因此，我们倾向于在前置场景中更多使用自下而上的匹配模式，引导玩家构建知识系统的表征图式；后置场景中更多使用自上而下的匹配模式，玩家掌握特定知识系统的表征图式后，细化对重要特征的理解。

（3）双存储记忆模式。

通过感觉登记的感官刺激转换成被赋予意义的信息输送到短时记忆进行进一步加工，加工过程涉及短时记忆和长时记忆的互动。信息被拆解为一个个命题和节点，通过扩散激活这些命题和节点作为线索与长时记忆中的知识形成联系。

短时记忆又称为工作记忆，主要功能是保持和提取信息，短时记忆如同计算机的缓存，其容量有限，由几个组块构成。长时记忆中的知识和信息与短时记忆形成联系的关键在于知识表征出现的次数和两次信息出现的时间临近程度，多次出现的信息在长时记忆中的表征越强，快速再现的信息就更容易激活长时记忆中具有相同元素的信息。这也就为游戏设计中的内容设定提供了理论支撑，某个知识表征在游戏场景中应该反复出现，并在后续场景中重现。

在加工过程中，信息的编码方式对记忆和提取影响较大，有利的编码方式包括组织、精细加工和图式结构。将信息按照层级机构组织起来编入长时记忆中，利于存储和提取。另外，太抽象的信息，其连接网络较少，不容易与其他知识建立联系，所以增加命题的细节或节点有助于编码和提取。最后，长时记忆的知识以命题网络的形式存在，大量的命题组成一个有意义的结构系统，即图式。图式作为框架有助于增加细节编码，构成有意义的结构，利于写入和储存。同时，有利于个体完整回忆和准确提取信息，在图式的基础上，回忆细节元素和命题网络。在阅读游戏设计的后置关卡中，根据图式原理，可以先为玩家提供阅读的概念性框架，然后增加角色、背景、情节和交互动画等元素将故事细节填入，如此有助于培养玩家编码和提取故事元素的能力，也就是培养孩子创作或理解故事的能力。

（4）长时记忆。

长时记忆中的信息以命题网络的形式呈现，当命题之间需要具有相同元素，记忆中不同命题之间形成联结，迁移便产生了。长时记忆中的知识包括陈述性知识和程序性知识，陈述性知识的存储的基本过程包括接收新信息，将其转换成多个命题，提示长时记忆中的相关命题，并通过扩散激活理论与其建立联系，形成新的命题网络；程序性知识的存储与陈述性知识的存储方式类似，但后者形成的是"条件—行动"步骤网络，即规则网络，信息加工论称之为产品系统。由于工作记忆容量有限，个体需要一步步整合"条件—行动"步骤，即程序学习。当程序性知识被调用，运用于不同的内容环境，或者根据环境改变程序时，便发生了程序性知识的迁移。

长时记忆中的信息提取是存储的逆运算，知识编码方式决定了提取线索被激活的程度和方式，因此游戏的前置知识构建场景的玩法和后置知识运用场景的玩法应该保持一致。陈述性知识和程序性知识的提取往往是同时发生的，因为游戏的故事、角色和场景与游戏玩法、规则同时呈现，所以在信息提取上，游戏相较于传统课本具有优越性。例如，阅读游戏设计中游戏场景和故事背景、游戏角色和故事人物、游戏玩法和故事情节同时呈现，有利于玩家提取陈述性知识和程序性知识，从而提高读者的自我效能感。对于程序性知识的提取，游戏可以尽可能多地提供多种游戏环境和不同门类的知识背景，玩家在多种环境中通过程序性知识解决问题，能够帮助玩家理解对规则、方法等不同程序性知识的广泛使用性。

（二）游戏设计理论梳理

游戏设计带有强烈的主观性，首先从现有的游戏设计理论分析维度梳理游戏设计理论，不同的设计师从不同角度观照游戏，选择不同的游戏类型，侧重于不同的游戏元素，其设计方法各不相同。最后为了全面涵盖现有的游戏设计理论，将从玩家需求角度出发梳理游戏设计理论，分为娱乐目的和非娱乐目的，或者分为审美和教育。

1.从游戏观角度

不同的设计师具有不同的理解游戏的知识背景，如游戏设计师兼理论者杰斯珀·尤尔曾提到，游戏理论研究者倾向于形成两个阵营：一方认为"一切皆游戏"（Everything is a game, war is game; Politics are a game; Life is a game; Everything is a game），也就是将游戏作为认识和理解客观世界的方法论，是形而上的观照角度，类似于叙事学、序号学等研究方法；另一方认为"游戏是某物"（Games are x, games are an interactive storytelling medium; Games are how a child learns about rules），这种观点从下而上的角度观照游戏，将其看作是解决问题的某种介质，是故事表达的媒介或儿童学习的工具。很明显，前者带有明显的本体性，希望确立一种认识世界的游戏观；而后者则将更注重游戏的工具意义，将游戏作为实现某种意图的中介。

不同的游戏观照角度影响设计师的创作思路，确立游戏本体地位的设计师更加注重对游戏特有要素的设计，基于核心要素建立游戏设计模式，如玩法、机制、规则和突现系统等，经典而实用的游戏设计模式是"核心图"（Core Diagram），该设计模式将在后续章节中作为功能游戏再设计的基础框架。从工具地位观照游戏的设计师将游戏作为实现意图的中介，将游戏作为表意媒介的设计师，倾向于从故事叙事角度设计游戏；将游戏作为教辅材料的设计师，倾向于从操作规则角度设计游戏。总之，设计师观照游戏的不同视角见仁见智，游戏设计方法迥然不同。

2.从游戏类型角度

产业话语将电子游戏分为不同类型，但目前为止并没有一种统一标准的分类方法，分类维度多样：按照玩法分类，如动作类，下设动作射击游戏、格斗游戏等；按照游戏故事内容分类，如战争类游戏、美少女游戏等；按照终端载体分类，包括街机游戏、主机游戏、手游等；按照玩家人数分类，包括单机游戏、多人游戏、大型多人在线游戏（MMOG, Massive Multiplayer Online Game）等。当然，目前大部分商业游戏并不仅仅划分入某一特定的游戏类型，例如，《绝地求生》，俗称"吃鸡"，属于平台动作类下的动作游戏，从玩法上分属于射击类游戏，从故事内容上分属于战争类游戏，从玩家在线数量上分属于多人在线游戏。再如，从沙盘游戏演变而来的沙盒游戏《我的世界》，虽然此类游戏的游戏性在于上帝般的"造物感"，但其中也包含了养成、叙事、战斗等各类元素。

因为鲜有极端游戏从单个维度设计，而且不同类型的游戏往往混合多种设计方法，例如，游戏《地产大亨》，我们可以称之为角色扮演类游戏，但其中又包含了内部经济、社交互动等游戏机制的设计，所以从游戏类型的角度梳理设计方法缺乏明确统一的分类标准。

3.从游戏元素角度

根据"核心图"框架，游戏元素由内及外包括了核心机制（玩法）、次级规则（障碍、目标等）、GUI（角色、道具、场景、配音配乐）和故事背景等。相较于其他游戏元素，游戏设计者更注重机制设计，一方面因为机制是产生游戏不可预测的可被设计的重要因素（另外两个因素是偶然性和玩家选择，不受设计师控制）；另一方面，游戏机制独立于媒介而存在，是游戏设计师区别于程序设计师和美术设计师的核心技能。从特有元素核心机制和规则出发讨论游戏设计框架，其中最典型的是独立游戏设计师和研究者多尔芒（Ernest Adams Joris Dormans）的《游戏机制——高级游戏设计技术》，从核心元素机制的角度分析游戏设计的规范化工具和方法。

游戏机制可以理解为游戏的隐藏内核，如游戏核心玩法和规则，但比游戏规则更详细、更基础。游戏机制是一个中心发散式网络，中心是游戏的核心机制（Core Mechanics，或核心玩法），周边辅以其他刺激机制（或次级规则）。常用的五种游戏机制为物理（Physics）、内部经济（Internal Economy）、渐进机制（Progression Mechanisms）、战术机动（Tactical Maneuvering）和社交互动（Social Interaction）。[①]

物理机制是指平台游戏中角色、道具等游戏元素受物理规律的约束，如设计类游戏的重力、抛物线、碰撞检测等。当然游戏中的物理机制并非严格按照客观世界的自然规律，设计者做适当改变，如《愤怒的小鸟》中某些鸟蛋可以在发射后中途加速或根据特定规律改变运行轨迹。

内部经济是指游戏系统内部的交易机制，典型的是大部分游戏角色的生命值、道具升级等内部资源与游戏币之间的置换规则。如游戏《梦幻家园》（Homescapes）中管家通过完成三消游戏任务获得星星来解锁朋友和邻居、添置家居或更新装修，然而每次游戏任务失败后需要消耗一颗生命值重新挑战，生命值需要通过游戏币购买。此外，为了更好地完成任务减少生命值消耗，玩家可以用游戏币购买道具帮助通关。因此，玩家需要分析游戏的内部经济机制，大概计算购买生命值和购买道具的金币数量后再做选择。

渐进机制是控制游戏玩家解锁场景和关卡进程的规则，一般游戏完成本关卡或场景任务便可解锁下一关卡或场景，一些解谜类游戏需要找到相关线索（如钥匙、密码或地图）才能打开前往下一关的通道，另一些游戏的渐进机制独立于关卡任务。如射击类卷轴游戏《僵尸榨汁机》是一款以射击为核心玩法的卷轴手游，游戏主要任务是抓捕僵尸，但游戏渐进机制独立于核心机制，抓捕的僵尸需要送往榨汁工厂压缩成果汁才能进入解锁下一关，否则游戏玩法、场景、道具等均不升级。

战术机动是决定玩家位置对游戏战略意义的规则，大部分地图类游戏对角色唯一单位有明确规定，另一些策略类游戏虽然没有明显的地图格，但其角色移动和场景尺寸皆覆盖于"tile"（游戏场景设计的基本单位，可以理解为角色移动的最小距离，即"一格"）之上。最典型的战术机动机制就是《泡泡堂》，角色的移动速度对应场景tile，角色所处的位置决定了其在进攻、防守和收集上的战术优势。

社交互动是多人在线游戏兴起后，从桌游与民间游戏中提取的限定玩家互动的规则。如今大部分游戏都可以通过第三方登录，并邀请好友，如借由脸书（Facebook）或微信登录的游戏，玩家可以通过邀请好友获得生命值或

① ADAMS E, DCRMANS J. 游戏机制：高级游戏设计技术［M］. 石曦，译. 北京：人民邮电出版社，2014：23-67.

游戏币。另外，一些养成类或角色扮演类游戏，如《模拟人生》等，玩家可以根据游戏限定的互动规则参与社交活动。

以上是现有游戏中比较典型实用的五类游戏机制，设计师可以按照自己的意图选择一种或多种机制融入游戏中。然而，从游戏元素角度梳理设计方法的研究和思考大多局限于机制和规则范畴，因此无法覆盖所有的游戏设计方法。我们试图从艾布拉姆斯文学批评的角度分析游戏要素，文学生态的作品（work）、宇宙（universe）、作家（artist）和读者（audience）分别对应游戏生态的作品、现实世界、设计者和玩家。其中现实世界是生态环境，与游戏设计直接相关的要素是游戏作品、设计师和玩家。

上文从设计者的观照角度和游戏作品的类型、要素等方面梳理了游戏设计理论，但是设计者意图较难把控，游戏类型和要素千头万绪，所以我们尝试从玩家的角度厘清游戏设计方法。

4. 从玩家需求角度

玩家对游戏的基本需求是娱乐，由此游戏可以分为两大类：纯娱乐游戏和非纯娱乐游戏，后者根据作用于大脑理性或感性等不同区域可分为功能游戏和艺术游戏（实验游戏）。艺术游戏（实验游戏）一般以审美需求为最终目的，如陈星汉的《风之旅人》（Journey）和《花》（Flower），相较于一般商业娱乐游戏，突出的是游戏的审美价值，但游戏最终追求的还是可玩性设计。功能游戏主要以认知和思维培养为最终目的，其游戏形式不限，主要从执行力和思考力两个方面训练玩家，培养玩家执行力的游戏类型以动作游戏为主，培养玩家思考力的游戏以解谜游戏（Puzzle Games）为主，如空间解谜游戏、文字解谜游戏、图像解谜游戏、益智解谜游戏等。

总之，除了功能游戏，其他游戏的主流设计方法都是以可玩性为最终标杆，即使有认知和思维培养功能，也是作为游戏设计的附加价值。所以，功能游戏不但要结合游戏的可玩性设计，更要在此基础上探索作用于玩家认知和思维的游戏机制设计。

（三）游戏与认知的映射关系

根据行为主义刺激理论，大脑接受外部刺激，通过丘脑传递到大脑相关处理皮质层区域处理，信息刺激被转换成神经递质，作用于中枢系统中的神经元细胞，细胞间以化学反应和电反应的相互转换的形式在突触和轴突间传递信息，当细胞间形成突触联结，便实现了认知或学习过程。游戏可以看作玩家接收的外部信息刺激的来源，所以我们可以尝试用神经科学知识解释不同游戏类别、构成元素和游戏过程如何作用于人的认知过程，从而进一步探索两者之间的映射关系。下面分别从游戏类别、元素和游戏过程三个方面阐述游戏与思维认知的映射关系。

1. 游戏类别与认知

游戏作为外部刺激的一种形式，从内容分类的角度考虑，不同的游戏内容设计作用于大脑的不同区域：音乐游戏更多作用于大脑的听觉皮层，即颞叶；绘画游戏更多作用于大脑的视觉皮层，即枕叶；体感游戏更多作用于大脑的触觉皮层，即顶叶（顶叶的前部分能够通过接受身体信息决定姿势，反馈到游戏中，如玩家通过控制姿势躲避障碍；顶叶的后部分能够整合视觉和触觉信息，反馈到游戏中，如玩家在沉迷游戏画面时，会忘记刚刚手上划伤的痛楚）。当然，任何游戏的操作过程中，玩家都需要调用中枢神经系统中的各个区域协调合作得以完成，只是不同游戏垂直类型调用不同皮层区域的比重不同，存在一定程度的偏侧化。

2. 构成元素与认知

从游戏构成的角度考虑，不同的游戏元素作用于不同的大脑区域，根据知名独立游戏开发者查米·舍（Charmie Kim）提出的"核心图"游戏框架，游戏以核心玩法或互动机制为中心，外层逐步包括次级规则层、角色道具和场景设计层及配音故事层。其中核心玩法体现游戏的逻辑规则，也就是玩家解决问题、完成任务的最多的操作方法，更多作用于大脑的前额叶，这里是心智活动的最高形式发生的地方，将感官接收到的信息与记忆中存储的信息进行联系和比较，通过顺应、同化等方式发展认知，所以也是学习活动的发生地。角色、道具和场景设计层更多作用于处理视觉刺激信息的枕叶；配音故事层则更多作用于处理听觉刺激信息的颞叶。当然故事涉及语言处理，所以还涉及理解语言、处理语义的韦尼克区和布洛卡区皮质层。

3.游戏过程与认知

一般情况下玩家通过游戏海报或视频广告接触到一款游戏，海报和视频主要以华丽的角色、场景设计和引人入胜的故事吸引玩家，以视听信息刺激为主，主要作用于玩家的听觉皮层和视觉皮层。接着，玩家下载游戏，进入加载（loading）和游戏首页界面，此时的信息形式与海报、视频类似，主要作用于大脑的视觉和听觉皮层。随后，玩家进入教学关或者跳过教学关开始摸索游戏玩法和规则，这个环节中，玩家除了接受各种感官信息，如游戏角色、场景风格、音乐背景等，最重要的是理解和记忆存储教学关卡的指令，这就关系到对语言的处理，与大脑皮质层中处理音韵和语义的前颞叶和布洛卡区相关。接收到语言信息后，玩家需要记忆和存储操控角色移动、进攻、防守等的具体操作和主要规则，主要作用于控制短时记忆或工作记忆的海马体。经过相应的皮质层加工分析后，将有用的信息存入长时记忆区。

以地图类解谜游戏《糖果家园》（candy home）为例，如图2-2所示，玩家需要为左上角的糖果规划一条路线到达右下角的糖果屋，这条路线需尽量避开障碍物海星，并尽可能多地采集礼物软糖。

开始正式进入游戏关卡，玩家首先通过眼球获得游戏的视觉刺激，包括金色的沙滩上有一颗圆形糖果、两个海星、两颗粉色软糖和糖果屋。视觉刺激通过丘脑传递到大脑的视觉信息处理区域枕叶，通过与已有记忆进行对比，处理接收到的图像信息，玩家认识到：金色沙滩是游戏环境、圆形糖果是游戏的角色、海星是游戏中的障碍物、粉色软糖是奖励，以及糖果屋是本

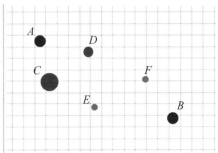

图 2-2　游戏抽象框架示意

关卡的目标位置。此时，皮质层的前额叶区域开始活跃，这是最高形式的心智活动（如抽象、解决问题等）发生的地方，玩家将具体的游戏环境抽象成易于解决的图像问题表征，如图2-2所示，抽象成为规划一条从A点到B点的路线，途中尽可能地避开C点和D点，到达E点和F点。规划路线后，玩家点触屏幕画出路线，在这个过程中视觉皮层和触觉皮层同时工作，顶叶是触觉皮层，其前部分接收到指触刺激后，决定手势；后部分同时整合视觉信息和触觉信息，可以防止手指画出的路线歪斜，最终指向糖果屋。画出的路线以工作记忆（或短时记忆）的形式存入海马体，在圆形糖果执行路线时，在前额叶对比执行路线和规划路线，如果路线一致，糖果到达糖果屋，预习任务完成。

五、研究意义

（一）理论意义——扩展游戏设计框架

关于游戏设计框架，不同的设计者出发点不同，设计思路各异，例如：从故事角度设计游戏，更多观照叙事框架；从可玩性角度设计游戏，更多观照游戏与玩家的交互框架。因此，关于游戏设计框架的分类更加复杂：从同一个角度设计不同类型的游戏（如RPG和ACT），或者同种类型游戏的不同交互方式（多人在线/单机），在方法上也存在差异。

为了覆盖所有游戏设计框架，现在很多主流的设计方法从游戏目标的不同层面出发，包括从娱乐层面、教育层面、审美层面等。但是，除了一些极端性实验游戏，大部分游戏融合了两个或三个游戏目标，如《风之旅人》和《纪念碑谷》以审美追求为主，但其可玩性依旧很高；又如《地狱边境》（Limbo），设计者追求游戏可玩性和艺术性，在物理机制和感官审美方面做到了极致，但其巧妙的关卡设计促使玩家调动高级心智活动，如推理、逻辑、问题解决等才能完成关卡任务，这便实现了教育层面的游戏目的；再如音乐游戏《摇篮曲》（Lullaby），结合了演奏乐器与感官刺激，乐音主要刺激的是感官，而演奏则需要挑战玩家的节奏感、协调能力等，即一部分是纯艺术的感染力，另一部分是锻炼玩家的思维能力，同时也可以激发"玩"的快感，教育价值和娱乐价值皆具。

现有大部分游戏设计框架一般从玩家需求出发，主要包括娱乐和其他方面的考虑，以娱乐价值为主要目的，在此基础上辅以其他价值。因此，现在的游戏设计框架一般以玩家和游戏的交互机制设计原则为核心，在此基础上包裹其他层面的设计原则。然而，对于游戏的功能性或教育性设计考虑较少，或者没有形成设计系统框架，本研究的部分成果可以从严肃性的角度丰富现有游戏设计框架。

（二）实践意义

1. 从知识教学到思维教学的游戏设计尝试

功能游戏最初被教育技术学专家们引入我国，作为校本材料的补充，扮演承载数字化课本信息及其补充内容的角色。后来，我国的应用开发者发现了市场刚需，开始设计开发类似的教育产品，多以教育应用为主。随着"95后""00后""10后"（Digital Game Generation）的出生和成长，设计者为激发玩家的学习动机在教育应用的基础上增加了可玩性元素。但是，由于设计者多为系统开发或软件工程背景，不了解游戏的内核原理，将游戏简单看作应用的"外衣"。如此简单粗浅的设计方式，导致功能游戏落入"出题机"窠臼，即玩家完成相应习题量、达到一定正确率，便可完成关卡任务进入下一关。这种游戏模式下，玩家通过多次反复练习，反复刺激大脑中的联结，也就是学习神经科学中的巩固，强化了课堂中已学的知识、提高了解题速度。

可是，这种游戏设计模式忽略了知识学习的最终目的，个体通过一个知识系统的学习是为了获得该知识系统所特有的知识思维，如学习数学知识的最终目的是形成数学思维，学习计算机科学的最终目的是形成计算思维，并不仅仅为了强化知识、提高解题速度、提升应试能力。

那么，知识学习如何转化成知识思维？知识如果不用便是"死知识"，只有将其用于现实环境，在解决实际问题的过程中才能逐步形成知识思维，这也是"应用题"初衷。基于此，欧美国家提出了"现象教学"的概念，即鼓励教师从现实现象确定研究主题，并围绕该主题将学科知识融入解决问题过程中。相比"应用题","现象教学"将实用主义的教学理念从知识巩固阶段拓展到了知识学习阶段。当然,并不是说知识不重要,知识和思维从来都不是对立的:知识是思维的着力点,没有知识的支撑,思维训练便退化成形式训练;离开思维,知识无法进行主观加工和实际运用,知识便是"死知识"。①

那么,如何在游戏中应用知识呢?根据游戏界的"顶级思想家"(Top Thinker)科斯特在《游戏设计快乐之道》提到"游戏是亟待解决的问题"。设计者可以将游戏本身设计成一个问题现象,玩家在操作游戏的过程中,交互最多的元素是核心玩法或机制。以《愤怒的小鸟》为例,看似一款小鸟复仇记,但究其游戏核心机制是一款动作类射击游戏。每一关中,玩家重复射击动作,调整角度和力度、使用道具,完成了关卡任务、学习了射击技能。如此,便要求设计者对游戏核心机制和次级规则进行深入剖析和解构,将认知过程融入游戏玩法,使得游戏行为和操作能够有效促使神经联结和认知图式的形成。

2.为功能游戏设计提供指导和借鉴

目前,应用市场的部分功能游戏设计者具备软件工程背景,大部分拥有教育应用设计经验。因此,这部分功能游戏产品带有工业化印记,大部分游戏设计以知识为中心,注重玩家的知识巩固和技能训练。

本研究设计理念从"知识中心"向"玩家中心"转变,从知识教辅向思维教辅转变,并在此基础上,尝试从学科核心素养培养向跨学科共同素养培养转变。希望本研究能够转变市场上大行其道的"出题机"功能游戏模式,游戏不再是严肃应用的"外衣",而是能够真正触及游戏核心玩法,将"行为—刺激"认知过程内化到游戏玩法中,使玩家在不知不觉中学到知识,并通过知识运用掌握特定的知识思维。

(三)功能游戏设计研究范式

本研究是设计学学科下游戏设计专业的研究,其研究成果落在设计洞察,也就是对设计理论框架的实践研究。自然科学研究是对事实检验的真伪判断,社会科学研究往往是一个程度判断。由此自然科学和社会科学的研究结果都

---

① 赵国庆.重知识还是重思维 [N].光明日报,2016-06-14(15).

可以通过量化方式获得，研究结果往往是对某个自然定律或社会规律的数据验证，通常以实证研究为最终研究形式。本研究是对学前功能游戏的设计研究，隶属于人文学科，区别于自然科学或社会科学。

艺术设计不同于科学，因此不适合用科学的范式去研究设计，就如同我们无法用科学的范式去衡量哲学。以辩证法为例，有人指责哲学的辩证法是胡说，因为它什么情况都说了，实际上等于没说。按照辩证法逻辑判断明天的天气，哲人会说明天可能是阴天或晴天，而持实用主义的科学态度者认为毫无意义。这里的科学与哲学的矛盾来自不同的态度：科学是基于观察得到结论，或判断其可能性，如根据云层判断明天80%的概率下雨。同样，科学研究的量化实证不适合设计学领域的研究，因为设计带有强烈的主观性，很难通过一个量化标准来检验某个设计框架的优劣。

然而，设计研究过程相较于社会科学研究和自然科学研究，并不必然产生量化的实验结果，如评价某种设计方法的优劣，这其中存在太多变量，不同的设计师拥有不同的设计习惯和审美偏好，研究者无法通过控制变量来获得相应的数据。由此，对于艺术研究或设计研究行之有效的研究方法是实践研究（Practice Based Research）：通过思辨和推演提出某种设计理论后，艺术家或设计师将这种创作方法运用到艺术实践中，并通过反思其实践过程，获得发展性的洞察。这不但为从业者提供借鉴和思考，研究者本身也从设计实践中获得了反思性洞察，并细化和提炼了设计原则，这才是一个设计研究的最终价值所在。

研究过程

　　本书中篇由四份子研究构成，分别讨论了儿童绘画游戏、编程游戏、"游戏化数字童书"和数学游戏的设计研究。每份研究中包括三部分内容：首先，梳理现存各类游戏的设计问题；然后，从教育性和可玩性两个方面分析现存问题形成的主要原因；接下来，针对特定原因寻求学习认知理论的支撑，并建构相应的设计原则和理论框架；最后，基于理论框架开发相应的游戏实例或原型，并阐述如何将理论框架运用于设计实践。

第三章 如何设计儿童绘画游戏
——培养图形表征思维能力的绘画游戏

绘画是儿童处于语言发展不完善阶段的一种"倾诉"方式，图形表征思维能力是儿童进行这种视觉表达的基础。然而大部分儿童绘画游戏片面侧重培养儿童的模拟能力，武断地以"像不像"作为儿童绘画的评价标准，片面强调技能训练，忽略了对其图形表征思维能力的培养，抑制了儿童自我表达能力的发展。

学前绘画游戏设计的目的是增加儿童通过图形表达自我这一过程的可玩性，而非培养儿童绘画技能这一浅表教育目的。本章针对学前儿童，分析总结现有绘画游戏存在的主要问题及其原因，以儿童图形表征内在机制和表征语汇为理论基础，图形表征内在机制作为"眼中之竹"转译到"胸中之竹"的理论支撑，负责个体内部表征的形成；表征语汇作为"胸中之竹"转换到"手中之竹"的理论支撑，负责个体内部表征的外化。在此理论基础上，结合游戏设计复合机制构建学前儿童表征性绘画游戏设计模型，复合机制主要由游戏"核心图"设计模式和渐进机制构成：前者是每个关卡的游戏元素设计框架，后者是关卡发展的驱动机制。本章将基于该模型设计开发一款儿童绘画游戏原型，结合传统的游戏设计框架，基于学前儿童绘画心理发展规律，将造型表征、色彩表征和空间表征能力的培养内隐到关卡核心机制和玩法中，通过次级规则引导玩家解决游戏问题，培养图形表征能力，并总结设计过程中的反思性洞察，以期为该领域的研究者和设计者提供思考与借鉴。

第一节　图形表征思维

一、图形表征概念界定

图形表征能力属于认知能力范畴，是儿童进行视觉解读和表达的基础。表征是认知心理学的核心概念，从信息加工论的角度解释表征，即通过感官和直觉登记客观环境信息后，在短时记忆或工作记忆中将其编码并存储到长时记忆中的编码符号或框架。

从现代认知心理学的角度，可以将表征过程理解为图式的发展，即个体根据已有的图式框架，通过表征的方式将新的信息进行特定的编码，并与原有图式形成命题联结，从而丰富或修正原有认知图式。因此，表征方式根据其原有图式结构和编码加工方式，呈现出个体特殊性。图式结构是个体认知发展过程中逐渐构建的，带有原生印记。编码加工方式一方面受原有图式结构的影响，另一方面受被加工信息的内在机理影响。例如，对于视觉信息的加工，一方面受个体原有视觉图式结构的影响，另一方面受个体对于该形式信息所特有的加工方式的影响，后者即针对视觉信息所特定的图形表征思维方式。

二、通过绘画培养图形表征思维

图形表征思维也就是个体大脑内部视觉信息处理皮层（枕叶）通过图形绘构视觉感知，并通过图形转译内部表征的思维方式。由此可知，图形表征思维能力包括两个部分：内部表征形成能力，主要作用的过程是个体视觉感官（眼睛）接受客观环境中的视觉刺激，通过丘脑传递给视觉皮层进行感觉登记，然后被传送到工作记忆中与长时记忆的原有图式信息进行对比、加工，形成命题联系后存入长时记忆，此时便形成了内部表征形象，这个过程是依据内部表征形象与外部客观物象的差异对比而不断迭代的；内部表征外化能力，主要作用于个体形成内部表征形象后，通过造型、空间和色彩等绘画表征语汇，将其外化为绘画作品的过程。从心理学角度解释，绘画本身是一种表征形式，其本质是将内部表征转化为外部表征，头脑中的形象是所画对象的内部表征，而绘画作品是外部表征①，所以表征性绘画是培养儿童图形表征能力的有效手段。

然而，目前大部分儿童绘画游戏以快速提升"摹画"技能为游戏目的，忽略了儿童内心世界可视化的需求，以及对其图形表征能力的培养，扼杀了儿童浪漫自由的天性和创造力。尽管儿童所画形象与客观对象越来越相似，但是儿童的自主表达能力却越来越差。因此，儿童绘画游戏设计者应该避免采用专业技能训练作为游戏机制，并尝试将绘画游戏作为培养儿童图形表征能力的一种方式，借助绘画过程引导儿童进行视觉解读和自我表达。

儿童绘画发展阶段性理论指出，3周岁前儿童绘画处于无造型的"动作表征"阶段或"前表征"阶段；3~4周岁进入"图形表征"阶段，开始有意识地利用图案表达自我；7周岁以后，儿童逐步脱离"自我中心主义"阶段，由表达自我转向视觉写实②。本书截取3~6周岁儿童的共同特征进行探讨，将研究对象界定为学龄前儿童绘画游戏，通过分析总结其现存问题和成因，以儿童图形表征理论为基础，构建儿童表征性绘画游戏设计框架。为了方便读者更好地理解，本章中提到的所有分析样本均可以从苹果官方应用商店下载体验。

第二节　儿童绘画游戏现存问题及原因分析

目前，儿童绘画游戏设计呈现"精英化培养"特征，过度重视"摹画"技能训练，这种培养思路从表征内在机制和表征语汇两个角度分析，主要导致了两个问题：一是不符合个体表征内在机制原理的"写实主义"游戏目标，

---

① 王盼美惠.5—6岁幼儿绘画表征特征研究［D］.江苏：南京师范大学，2014：8-13.
② 王贞琳，李文馥.西方儿童绘画与认知发展关系研究的进展［J］.心理科学，1998，21（5）：449-451.

二是忽略表征语汇发展规律的临摹主义玩法。

一、"写实主义"的游戏目标

成人在评价儿童绘画时，往往忽略了尊重孩子自由的表达，转而追求儿童画对客观事物"照片式"地真实再现，用"像不像""对不对"简单武断地评判孩子的作品。这样的评价标准是结果驱动式的，也就是忽视了对孩子们的内在表征形成过程和内在表征外化过程的培养，简单地忽略了儿童绘画过程中的观察、回忆、加工比较等环节，而这些环节是儿童形成内部表征的必要思维环节。

部分游戏开发商为了迎合家长们"写实主义"的评价标准，将快速提升儿童"摹画"技能设定为游戏目标，游戏仅仅对玩家临摹的相似程度给出反馈，全然忽略内部表征形成的重要思维过程。然而，儿童并非成人的缩影，这种做法势必会打击儿童"表达自我"的勇气，扼杀孩子们的绘画兴趣。因为对于学前儿童来说，绘画是其语言发展不足的补充，他们希望绘画能够辅助有限的语言来表达自我，而不是重复描摹别人的作品。

根据绘画发展阶段理论，7周岁以后儿童开始从主观表达向客观表现过渡，所以3~6周岁儿童图形表征不关注"写实主义"或"自然主义"的描画。[①]由此，设计者应该淡化以技法水平和相似程度作为儿童画的评价标准，将儿童的视觉想象和个性化表达作为游戏目标。[②]

二、临摹主义的游戏玩法

"写实主义"的游戏目标促使游戏设计者运用一些程序式技巧"教会"孩子绘画，采用强记和临摹等方式向儿童灌输专业的美术知识和绘画技巧，其中不乏一些下载量较高的游戏。如图3-1所示，《宝宝美术训练》所针对的玩家年龄是2~6周岁，向该年龄段的孩子灌输专业的绘画知识（如三原色和三

---

① 弗莱克-班格尔特.孩子的画告诉我们什么：儿童画与儿童心理解读［M］.程巍，许玉梅，译.北京：北京师范大学出版社，2010：23-59.

② 刘冬岩，贺成立.基于视觉思维的视角解读儿童画［J］.东北师大学报（哲学社会科学版），2011（1）：185-188.

间色）。而这个年龄段的儿童，其绘画表征语汇发展还处在主题驱动设色的阶段，他们并不关注色彩选择是否符合环境的客观合理性，因此向孩子们灌输专业的色彩知识反而会增加他们的认知负担和学习成本，限制孩子们自由的表现自我。

这样的内容设定超出了学前儿童的认知水平，不符合其绘画表征语汇的发展规律。《宝宝简笔画大全》（图3-2）、《丫丫学画画》等儿童绘画游戏省略了观察、回忆和主观加工等培养图形表征能力的必备环节，直接让4~6周岁儿童反复临摹示范画。临摹示范画只是对基本技法的反复训练，然而不同年龄段的学前儿童对于绘画表征语汇的认知和掌握情况各有不同。这类游戏跳过发展的前置阶段，直接对造型、色彩和空间基本成熟技法反复训练，忽视了儿童的绘画表征语汇发展规律，整个游戏过程充斥着"教师中心主义"的灌输意识。当然，这种"临摹主义"的游戏玩法曾被阿恩海姆（Rudolf Arnheim）强烈反对，他考虑到绘画表征思维的培养过程，提出"让儿童用一支削尖的铅笔一味地把模特描摹下来，使儿童受到了束缚，同时阻止儿童去再现他们所观察到的现实"①。

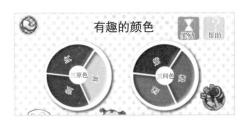
图3-1 《宝宝美术训练》

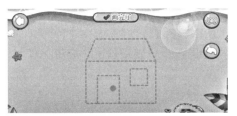
图3-2 《宝宝简笔画大全》

根据以上分析可知，儿童绘画游戏现存问题的根源在于部分教师、家长和游戏开发者缺乏对儿童表达需求及其绘画表征规律的尊重，缺乏对学前儿童内部图形表征机制和表征外化语汇发展规律的理解。殊不知省略了观察、想象和加工等内部图形表征形成的思维环节，跳过儿童的前置语汇发展阶段，仅仅通过机械模仿来提升儿童"摹画"技能，可能会让儿童付出惨痛的

① 阿恩海姆. 艺术与视知觉［M］. 滕守尧，朱疆源，译. 北京：中国社会科学出版社，1998：4-122.

代价。^①也许，孩子们的画越来越符合你的评价标准"画得真像"，但是孩子们对于自我表达和观察加工的主观能动性已经过分丧失了。所以，儿童绘画游戏应该适当摒弃"精英化"技能培养的设计思路，基于科学的儿童绘画表征规律引导孩子们表达内心世界。

第三节　儿童绘画表征规律

前文已经指出表征是指将一种事、物、想法或知识重新表示出来，因此存在一个"表征"实体，也必定存在一个"被表征"实体，两个实体之间存在一种映射关系。在绘画活动中，被表征实体是客观环境中的物象，表征实体是绘画作品，而两者的桥梁是绘画者脑中对客观物象的图形表征。表征分为内部表征和外部表征，内部表征指无法直接观察到的心理表征，也就是个体大脑中形成的内部图形表征，可以转译成外部表征，即绘画作品。

综上，运用表征理论解读儿童绘画：内部表征即儿童头脑中形成的形象，外部表征即儿童的画作。表征内在机制是儿童内部心理表征的形成原理。表征语汇是儿童将内部心理表征"转译"为画作的媒介语言和语法。

一、儿童图形表征内在机制

儿童图形表征的内在运行机制主要包括底层感官和高层感知两个阶段：底层感官包括从感觉器官研究接受外部视觉信息刺激，经由丘脑传送到视觉皮层进行感觉登记的环节；高层感知包括将感觉登记的信息传送到工作记忆中进行对比、加工，并与长时记忆中的信息建立联系并存储的环节。如图3-3所示，眼球、视网膜接收光线识别客观物象，采集感官数据，通过丘脑传递到视觉皮层中分析视觉信息的神经网络，然后在短时记忆或工作记忆中进行简单对比，一旦被接受便被转入长时记忆，与已有信息建立

---

①　罗恩菲德. 创造与心智的成长［M］. 王德育，译. 长沙：湖南美术出版社，1993：79-135.

联系，然后将新接收的信息存入长时记忆已有图式中，完善为新的内部知觉表征。

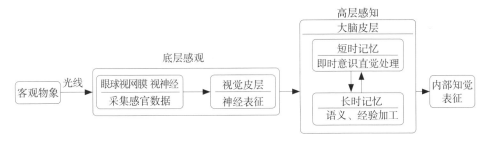

图 3-3 图像信息的内部表征处理过程

二、儿童图形表征语汇

儿童绘画将头脑中的形象表达为绘画作品，即将内部表征"转译"为外部表征，有其独立的语言符号系统，也就是绘画语汇，专业领域称之为"图形表征语汇"（graphic vocabulary）。根据索绪尔的符号学理论，语言符号是概念和形象的结合，"图形表征语汇"系统也包括概念和形象两个方面，即表征内容和表征形式。

表征内容方面，研究表明儿童画高频出现的表征内容为人物、动植物、交通工具、玩具和食物，此外受现代传播媒介的影响，还热衷于表现火箭、飞船、怪兽等内容。[①] 表征形式方面，儿童绘画心理学将表征形式语汇划分为造型、空间和设色三个方面，并在学前年龄段，整体上呈现出"似阶段"（stage-like）的发展特征。[②] 值得一提的是，尽管在随后的分析中，为方便理解提到了具体年龄段，但并不意味着表征发展具有固定的时间表，每个儿童有其个体特有的语汇发展规律特征，表达动机、绘画经验和天分等元素共同决定了他们在造型、空间和设色这三方面的绘画表征形式语汇能力发展进程的快慢和每个阶段持续时间的长短。

---

① 王盼美惠. 5—6 岁幼儿绘画表征特征研究［D］. 江苏：南京师范大学，2014：8-13.

② GOLOMB C. The child's creation of a pictorial world［M］. London: Psychology Press, 2003: 7-143.

（一）造型逐步分化

儿童造型表征能力的发展过程是视觉思维的一种记录，遵循完形主义的"一般分化律"，也就是从整体到细节的发展过程。如图3-4所示，以人像为例，随着年龄的增长分为三个阶段：对于3~4周岁的学前儿童，他们的人物造型呈现为整体特征，一般是一个整体的外轮廓形状，除了头和身体，没有其他图形信息，因此被称为"蝌蚪人"；对于4~5周岁的学前儿童，最明显的差异在于人物造型开始出现四肢和头发等，也就是最初的整体轮廓出现了分化；学前儿童发展到最后一个年龄段5~6周岁时，开始关注到形象造型的细节，绘画作品开始出现更具体的细节信息。

总而言之，学前儿童的造型表征发展规律呈现为"似阶段分化"的特征，从图3-4（a）中高度抽象的"蝌蚪人"开始分化；图3-4（b）中的"蝌蚪人"开始出现四肢；再分化到图3-4（c）中的"具象形"，开始出现手指、衣服等更加具体的细节。

（a）3~4周岁　　　　　（b）4~5周岁　　　　　（c）5~6周岁

图3-4　儿童画阶段性造型表征分析实例

线条和形状是学前儿童用以创造出具有表征意义造型的基本要素，也是表征语汇的重要组成部分。在儿童发现了媒介的表征能力后，会沉醉在其画出有意义图形的能力中，此时继续鼓励他们去探索线条和造型是非常重要的。[①] 在

---

① 王盼美惠.5—6岁幼儿绘画表征特征研究［D］.江苏：南京师范大学，2014：8-13.

绘画教育实践中逐渐形成了提升儿童造型表征能力的"完型画"教学方法，这一成熟的教学方法可以内化为游戏的设计。设计师可以考虑将"完型画"教学方法融入游戏玩法中，具体设计做法是：首先，引导儿童观察客观对象；然后，隐去客观对象的信息，给定一部分轮廓信息作为线索；最后，引导玩家对观察的对象进行回忆和想象，并将缺失的画面信息补充完整。

（二）空间维度缺失

基于大量的儿童画实例分析发现，学前儿童无法准确表征所描画对象的角度和对象间的遮挡关系，因此，该年龄段儿童对于空间维度的认知能力是部分缺失的。如图3-5所示，在遮挡策略或空间认知水平上大致也分为三个阶段：其中3~4周岁孩子的绘画作品中的两个角色之间有明显的分隔；4~5周岁孩子的绘画作品中的两个角色呈现相切的排列特征；5~6周岁是一个转折阶段，5周岁前采用分离排列表征深度关系。6周岁开始采用包围和部分遮挡方式，如5~6周岁孩子的绘画作品中角色的部分身体被桌面遮挡，同时桌面上的物品被手臂部分遮挡。[①] 在表征角度上，从理智写实主义的典型视角向视觉写实主义的混合视角转变，如图3-5（a）所示的正面像是人物的刻板象征，这样的典型视角让儿童忽略了其他观察角度。虽然随着年龄地增长，儿童认知发展水平逐渐提高，5~6周岁开始描绘侧视和顶视角度，如图3-5（c）所示，学前年龄段的孩子们能够注意到三个典型视角（顶视、正视和侧视），但对于其他角度的表征较少，因此，其三维空间表征能力仍有待发展。

（a）3~4周岁　　　　　（b）4~5周岁　　　　　（c）5~6周岁

图3-5　儿童画阶段性空间表征分析实例

---

① 白琼英，李红.儿童绘画中深度表征的研究进展［J］.心理科学，2002，25（1）：113-115.

传统绘画教学者根据多年的实践经验总结了"任务画"教学法，引导孩子们从特定角度观察对象。设计师可以考虑将这种"三视图"教学法与游戏次级规则相结合，通过巧妙地引导和系统反馈，让玩家注意到容易被忽略的维度和视角，提升其空间观察和表征思维能力。

（三）主题驱动设色

一般来说，3 周岁以上儿童的视觉敏度趋于稳定，辨色能力基本完善，可以区分同色系中细微的色调差别，这也就为学前儿童的设色表征能力的培养提供了生物学基础。学前儿童绘画设色服务于形象创作，并受内容主题影响较大。

学龄前儿童对颜色的使用服从于形象创作，起初按照个人偏好使用单色描绘有意义的轮廓，逐渐向自然主义用色趋势转变。3~4 周岁孩子倾向于用纯色描绘有意义的角色形象；4~5 周岁孩子开始逐渐出现有色线条，但依旧以造型为主，其中有些许的设色倾向（男孩轮廓用蓝色线条，女孩轮廓用粉色线条）；5~6 周岁孩子有意识地选择接近客观实物色彩的颜色进行绘画。

此外，绘画主题对于儿童用色具有很大影响，如图 3-6 所示，在描绘"游戏""聚会"等社会主题时，儿童用色比较随意，常常根据自己的喜好选择用色，如蓝绿色的汽车和红色的雪人。然而，在"花园""风景"等自然主题中，其设色受到认知的限制，倾向于写实主义用色风格，在绘画作品中将水表征为蓝色、太阳表征为金色、草地表征为绿色等。

同样，在传统绘画教学中，前人总结了"主题画"这种教学法引导孩子的设色选择。设计师可以将这种教学法与设色场景的关卡玩法相结合，引导儿童自由而准确地进行色彩表征。

（a）社会主题　　　　　　　　　（b）自然主题

图 3-6　儿童画色彩表征分析实例

综上所述，学前儿童三方面的图形表征能力随着年龄的增长呈现"似阶段"特征，大致分为三个阶段，如表3-1所示。造型表征能力发展经历了高度抽象形到轮廓分化再到细节具象形的过程；空间表征能力发展经历了由典型视角向多视角转换的过程；设色表征能力发展经历了单色描绘到多色轮廓再到自然主义设色的过程。因此，学前儿童绘画游戏的关卡难度可以根据不同阶段的能力的发展进行设计，将表征语汇能力培养纳入合适难度的游戏场景中，分三个阶段逐步培养玩家的图形表征能力，具体的设计操作实践将结合本章第四节游戏设计模型相关内容在本章第五节详述。

表 3-1　学前儿童语汇阶段性发展

阶段划分	造型表征能力	空间表征能力	设色表征能力
第一阶段（3~4 周岁）	高度抽象形	典型视角	单色描绘
第二阶段（4~5 周岁）	轮廓分化	向多视角转换	多色轮廓
第三阶段（5~6 周岁）	细节具象形	多视角	自然主义设色

第四节　儿童绘画游戏设计模型

基于儿童绘画表征内在机制和表征语汇特征，本节结合"核心图"分析关卡设计（包括对核心机制和次级规则的设计）与场景设计（渐进机制分析关卡难度发展），构建儿童绘画游戏复合设计模型。

一、儿童绘画游戏关卡设计

"核心图"游戏框架由独立游戏开发者Charmie Kim总结提出，是一种以玩法机制为核心的游戏设计模式，详细的模式构成原理在第二章已经介绍，此处不再赘述。如图3-7所示，单个游戏关卡结构由内而外分别是核心机制、次级规则、角色设计和故事场景，其中角色和故事场景从表征内容的高频主题中选取，核心机制和次级规则的具体设计思路如下。

（一）核心机制

在"核心图"游戏设计框架的四层游戏元素中，核心机制是绘画游戏中玩家进行操作学习次数最为频繁的游戏元素，如射击游戏的每一关都在训练玩家的射击技巧。当游戏作为绘画教辅工具时，应该以玩家的认知学习原理作为核心机制的设计基础，绘画认知学习的基本原理就是从观察到对比再到加工的反复迭代的内部图形表征形成环节。

根据对图形表征内在机制的分析可知，儿童表征性绘画认知经历了观察接受、回忆联想和主观加工环节，所以游戏必须引导玩家体验这三个过程性思维环节，因此将游戏核心机制设定为"设想构绘"模型。如图3-8所示，游戏中首先引导儿童对物象进行多角度、全面的观察，然后隐藏对象的部分画面信息，留下部分信息作为线索刺激玩家从短时记忆和长时记忆中提取相关信息进行加工完善，通过反复迭代最终形成接近客观对象的内部表征形象。

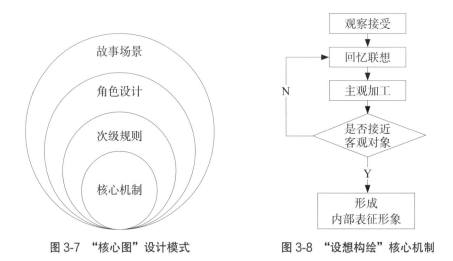

图3-7 "核心图"设计模式　　图3-8 "设想构绘"核心机制

（二）次级规则

次级规则是判断玩家是否完成游戏任务的一系列条件，即关卡目标。儿童表征性绘画游戏的目标是培养儿童三方面的图形表征能力，造型、空间和设色三类不同的形式表征能力对应三种不同且相互独立的游戏规则和关卡任务，我们根据各自对应的传统教学法提取具体操作规则。

具体分析如表3-2所示，造型表征关卡以提升玩家对"形"的认识和线造型能力为目的，以"完型画"教学法为游戏教学设计具体规则：玩家观察对象后，隐去所观察对象，呈现部分轮廓，剩余造型由玩家通过回忆联想和主观加工完善，玩家系统勾勒出对象剩余部分的轮廓造型完成关卡任务；空间表征关卡以提升玩家对空间和角度的表征能力为目的，以"三视图"教学法为教学设计基础来设计次级规则：玩家多角度观察对象后，完善对象的三视图，从而引导玩家观察到典型视角以外的其他空间和角度；设色表征关卡旨在引导儿童将生活和艺术的设色相结合而形成独特的色彩表达方式，次级规则以"主题画"为教学设计基础，摒弃先入为主地灌输"天蓝草绿"的色彩搭配做法，为玩家提供对象的写实画面，以及不同风格的名家作品，让儿童自主选择笔刷质地和色彩进行填色。

表 3-2　图形表征能力的关卡内容设计

关卡分类	关卡目标	教学法	游戏具体操作规则
造型表征关卡	提升玩家对"形"的认识和线造型能力	完型画	隐去所观察对象，呈现部分轮廓，剩余造型由玩家通过回忆联想和主观加工完善
空间表征关卡	提升玩家观察、表现典型视角以外的其他空间和角度的能力	三视图	引导玩家多角度观察对象后，完善对象的三视图
设色表征关卡	引导儿童将生活和艺术的设色相结合而形成独特的色彩表达方式	主题画	提供对象的写实画面和不同风格名家作品，玩家自主选择笔刷质地和色彩进行填色

二、绘画游戏设计复合模型

学前儿童"似阶段"的绘画表征语汇特征规律决定了游戏关卡难度的渐进过程需要通过三个阶段，从而逐步培养玩家掌握图形表征语汇能力。为此，引入游戏设计渐进模式（Mechanics of Progression），游戏设计渐进模式是通过关卡发展控制玩家进度的设计机制。"核心图"架构模型关注单个关卡的可玩性，不同于"核心图"的关注重心，渐进模式强调关卡之间的发展性。将关卡按难度级别纳入三个阶段的游戏场景中，表征绘画游戏设计复合模型是一个三维环形模型，横截面是关卡设计模式，水平坐标是关卡和场景难度水平的发展模式。如图3-9所示，每阶段场景下都包含造型、空间和设色三方面的形式表征关卡，每个关卡由"核心图"四层框架构成；将单个关卡的"核心图"作为横截面，不同核心机制和关卡难度推动渐进轴水平延展，形成学前儿童表征性绘画游戏设计复合模型。

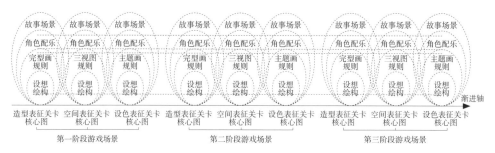

图 3-9　培养学前儿童图形表征能力的游戏设计三维模型

第五节　绘画游戏实例设计分析

本节基于儿童图形表征内在机制和语汇特征，结合表征性绘画游戏设计复合模型，自主设计开发一款指向图形表征能力培养的儿童绘画游戏《怪兽的日常》（*Drawing Seconds*）。首先进行游戏总体介绍；然后着重从渐进设计和关卡设计两个维度对照设计理论模型分析设计实践，解剖游戏场景设计，以及造型表征、空间表征和设色表征关卡的设计规则；最后总结学前儿童绘画游戏设计过程中的反思性洞察。

一、总体介绍

《怪兽的日常》以学前儿童绘画表征内容列表中的高频主题"怪兽"为主要角色，主要通过卡牌拖拽的游戏方式培养玩家的绘画表征能力，开发图形表征思维潜能。本游戏拟运用软件 Xcode 5.1.1 开发，基于 Cocos2D v2.0 移动游戏引擎开发，物理引擎采用 Box2D，开发语言为 Objective-C；本游戏基于移动端的儿童数学游戏，运行平台为 iPad iOS5.0 及以上系统。

该游戏是一款培养3~6周岁学前儿童图形表征能力的绘画游戏，分解游戏目标是培养造型、空间和设色表征能力。游戏以怪兽日常生活为故事背景，按照学前儿童的表征语汇发展规律将游戏分为三个阶段，分别对应不同关卡难度阶段的三个游戏场景，玩家通过完成相应的游戏任务为怪兽们赢得甜点、水果和玩具。如图3-10所示，以"螃小蟹"、"鳄小鱼"和"鸳小莺"这三只怪兽的日常活动为故事背景，以它们喜爱的甜食、魔方和汽车模型玩具为主题，将图形表征能力培养以绘画方式巧妙地融入怪兽们的日常生活中。游戏共24关，分为3个场景，每个场景下包含8个关卡。

图 3-10　游戏起始页设计

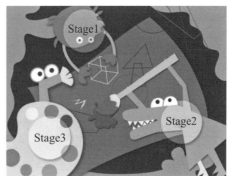

图 3-11　场景选择页设计

二、场景渐进设计分析

点击起始页play按钮进入场景选择页，如图3-11所示，根据儿童绘画表征发展"似阶段"特征和游戏设计渐进原则，玩家按顺序依次解锁Stage1、Stage2和Stage3三个场景；如图3-12所示，分别任命3周岁半的"螃小蟹"为

（a）第一阶段（3~4周岁）

（b）第二阶段（4~5周岁）

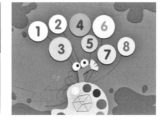

（c）第三阶段（5~6周岁）

图 3-12　关卡选择页设计

第一阶段游戏的引导怪兽；4周岁半的"鳄小鱼"为第二阶段游戏的引导怪兽；5周岁半的"鸳小莺"为第三阶段游戏的引导怪兽。

从第一阶段过渡到第三阶段的场景渐进完全按照学前绘画表征语汇发展规律设计的关卡难度，第一阶段场景包括8个关卡，关卡引导怪兽为3周岁半的"螃小蟹"，与这一阶段的玩家年龄相符，增强游戏带入感（另外两个场景的引导怪兽年龄设定与其相似）；第二阶段场景的怪兽为4周岁半的"鳄小鱼"，它的游戏道具为毛笔，紧密贴合游戏主题，增强玩家对游戏核心教学设计的认知（另外两个场景的道具分别为几何形和调色板，其用意相同）；第三阶段场景的怪兽为5周岁半的"鸳小莺"，这一场景除了培养玩家的设色表征能力，也包含了造型表征和空间表征的巩固，因此，角色设计上的变形更加复杂，体现了三种图形表征语汇的融合。

三、关卡玩法设计分析

（一）造型表征关卡

造型表征关卡的游戏目的在于提升玩家对"形"的认识和线造型能力，根据学前儿童造型表征语汇发展规律，具体将游戏设计分为"高度抽象形—轮廓分化—具象形"三个阶段。

第一阶段的表征语汇发展水平处于"高度抽象形"阶段，因此，游戏引导玩家认识圆形、方形、三角形、五角星和心形等基本的高度抽象形。以圆形为例，如图3-13所示，该关卡设定游戏引导怪兽"螃小蟹"酷爱圆形点心，游戏任务要求玩家为其挑选圆形点心；玩家通过观察点心库，并将点心与左侧的圆形提示框进行比较，选择合适（形状正确）的点心给怪兽食用；怪兽获得点心后给出相应的反馈，玩家根据怪兽的食用反应判断选择是否正确；一个关卡中包括6次观察、对比环节，每选择正确点心后，"螃小蟹"会开心地食用，并点亮上方的"满意卡"；直至玩家挑选出所有圆形点心，点亮左上角所有的"满意卡"，便完成了关卡任务。

在这个游戏过程中，玩家根据怪兽的反馈进行反复操作，逐渐确立对于"圆"这个基本形的概念，形成对"圆"基本形的认识。现在尝试用条件反射理论解释这一游戏化学习的科学性：行为主义的条件反射理论认为学习是刺激与反应之间形成联结的过程，也就是说环境中的信息刺激个体对其作出反应。桑代克的大量实验数据证明如果个体反应后紧跟一个满意的结果，那么刺激与反应之间的联结将会增强，反之则减弱。在游戏过程中，怪兽的反应便是环境给予玩家行为的反馈，如果怪兽反应正确，那么玩家将会加强此次选择对圆形的理解；如果怪兽反应错误，那么玩家将会抛弃本次选择对圆形的理解，也就是游戏化学习的巩固过程。此外，条件反射理论认为客观环境的相似元素能够引起个体对形似环境作出类似的反应，因此，在游戏设计中，我们采用拟物的方式设计被观察的点心。如此，游戏化学习中建立的"刺激—反应"联结更容易迁移到游戏化环境以外的现实问题处理情境中。

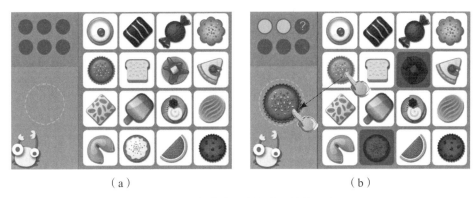

（a）　　　　　　　　　　　　（b）

图 3-13　初步造型表征能力培养示意

　　第二阶段的表征语汇发展水平处于"造型分化"阶段，儿童造型表征能力发展到"轮廓分化"水平。考虑到本关卡的玩法相较于前置关卡较难，在游戏前设计一段玩法引导动画，首先，图3-14（a）所示，为玩家呈现一个客观现实的牛油果截面图；然后，如图3-14（b）所示，提取对象"牛油果"的整体轮廓，并以单色线条的方式勾勒出来，引导玩家观察客观物象的初步轮廓；接着，如图3-14（c）所示，提取内部"果核"轮廓，同样以单色线条的方式勾勒内部果核轮廓，引导玩家观察整体形以外的分化形；之后隐去原有的食物牛油果，只留下单色轮廓分化图作为线索，如图3-14（d）所示，引导玩家回忆牛油果的图像信息；最后两步，如图3-14（e）和3-14（f）所示，根据轮廓逐步绘制卡通牛油果。由此，通过对形状的拆分和组合的整个过程，

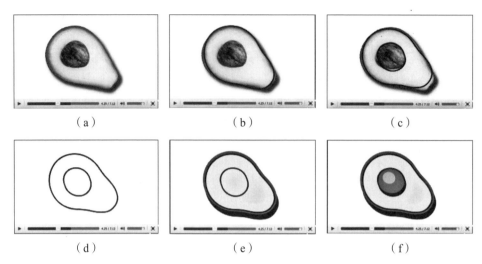

（a）　　　　　　　　（b）　　　　　　　　（c）

（d）　　　　　　　　（e）　　　　　　　　（f）

图 3-14　造型表征第二阶段关卡玩法引导动画分镜

引导玩家观察并获得轮廓分化。

　　观看玩法引导动画后进入第二阶段造型游戏关卡，"鳄小鱼"想吃和它一样的卡通水果，如图 3-15（a）所示，如果最初玩家无法提取"杨桃"的轮廓，可以点击"hint"卡片求助；如图 3-15（b）所示，"hint"卡片会显示边缘清晰的卡通杨桃帮助儿童抽象出组成杨桃的轮廓形状，这一步骤引导玩家如何将轮廓识别方式迁移到客观现实环境中。接下来，如图 3-15（c）、图 3-15（d）所示，玩家通过观察"杨桃""柠檬"等水果实物图，分别选择水果的整体轮廓形和果核轮廓形，并从底部的基本形卡片中选择正确的外轮廓和内轮廓形状，组合成卡通水果。与上一关卡的反馈方式类似，怪兽的食用反应将会点亮左侧的满意卡，通过反复地观察、加工、组合成水果的轮廓而生成相应的卡通水果，在这个过程中玩家的"刺激—反应"联结加强，对于形状分化概念的信息加工愈加清晰，并最终形成轮廓分化的表征图式方法存入长时记忆中，以便在处理现实问题时进行调用。

　　造型表征能力发展到第三阶段，达到"具象形"水平，儿童从原先的整体抽象性分化到更加细化的特征，开始关注除轮廓外更多的造型细节。因此，第三阶段在巩固抽象性和造型分化的基础上，增加了玩家对于造型细节的观察。该阶段造型关卡玩法设计结合完型画和拼贴画两种类型，帮助"鸳小莺"完成它爱吃的卡通甜筒。如图 3-16 所示，游戏界面分为三个板块，左侧是玩家观察的

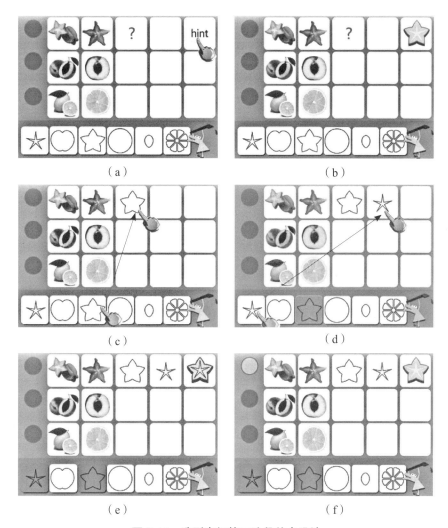

图 3-15　造型表征第二阶段关卡设计

客观对象，这里的甜筒整体造型和上下分化一致，但冰淇淋部分的配方不同，意在引导玩家观察对象的细节；下方是甜筒拼贴库，可以看出平台库中的材质并非与实物完全相同，而是以扁平方式呈现，这一过程需要玩家通过观察和加工进行识别；右侧是主要游戏区，也是玩家的创作区域，具体玩法分析如下。

首先，如图 3-16（a）~图 3-16（c）所示，玩家通过观察左侧轮廓相同的三个甜筒实物图片后，在右侧的主要游戏区画出其中一个对象的大致轮廓，系统自动复制三份，并从对象取色后填充基本色；然后，如图 3-16（d）所示，玩家通过观察对应甜筒的冰淇淋配方，与贴纸库中的细节进行一一对比，并从中选择对应的冰淇淋贴纸点缀，如图3-16（e）所示；最后，如图3-16（f）所示，如果贴纸选择无误，游戏引导怪兽便给出正确反馈，并点亮左上角的满意卡。"形状相同但细节相异"的三个甜筒，是本关卡设计的奥妙所在，意在引导玩家更多地注意和观察对象的造型细节。

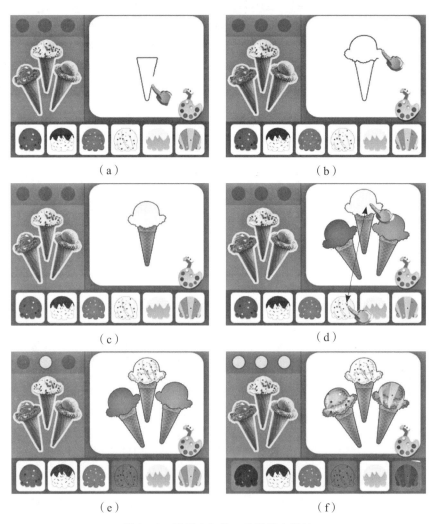

（a）　　　　　　　　　　　（b）

（c）　　　　　　　　　　　（d）

（e）　　　　　　　　　　　（f）

图 3-16　造型表征第三阶段关卡设计

（二）空间表征关卡

空间表征关卡的游戏目的是培养玩家的多视角表征能力，玩法设计通过"三视图"引导玩家认识到典型视角以外的其他角度，关卡难度分三个阶段递进。

考虑到作为空间表征关卡的教学关，其目的是减少玩家的认知负担和学习成本，更多地关注玩法和操作，我们以二阶魔方（2×2×2的立方体）做玩法引导演示。选择魔方作为空间表征教学关卡的原因有两个方面：一方面，魔方是一个正方体，从不同角度观察魔方都有明确的边界；另一方面，魔方的每个面由不同的色块组成，存在明显的不同，能够使初学者快速分辨出不同角度的正视面。

　　正式游戏中采用三阶魔方（3×3×3的立方体），第一阶段空间表征关卡，采用"无典型视角"的玩具魔方引导儿童意识到正视、侧视和顶视三个角度的存在。如图3-17（a）所示，游戏板块同样分为三块，分别是对象观察窗口、卡库窗口和主要游戏窗口。游戏左侧对象观察窗口中，分别高亮魔方的正面、侧面和顶面，玩家首先分别观察魔方的三个高亮面；然后根据实物的色块排列从底部色卡库中选择正确的颜色，并拖拽至右上方的游戏区中，一面填色完成后，引导怪兽"螃小蟹"给出相应的反馈，玩家可以根据反馈判断选择是否正确，如图3-17（b）、图3-17（c）所示；最后如图3-17（d）所示，如果三个面选择全部正确，便点亮所有"满意卡"，此时玩家完成游戏任务，并且

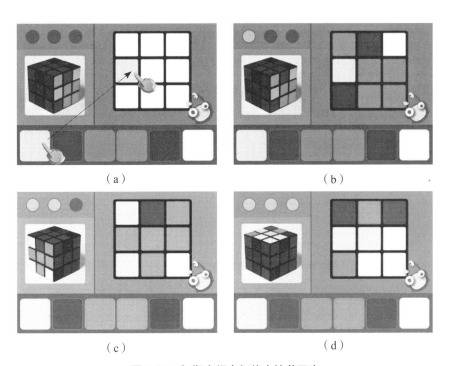

（a）　　　　　　　　　　　　　　（b）

（c）　　　　　　　　　　　　　　（d）

图3-17　初期空间表征能力培养示意

向玩家植入了"三视图"的概念。

第二阶段空间表征关卡，基于第一阶段传达的"三视图"概念，在魔方的基础上增加些难度，为玩家提供汽车的侧视图，并通过观察侧视图从底部的车模库中选择相应的玩具，最终目的是集齐三款怪兽最爱的游戏车模。

具体玩法中涵盖了空间表征能力培养的主要步骤：首先，如图3-18（a）所示，将"鳄小鱼"最喜爱的三个汽车模型的侧视图贴在立方体的三个面上，玩家通过观察不同高亮面的车模侧视图判断汽车的大致车型，然后从下方的模型库中提取相应的玩具（本关卡的对比线索是色彩，后续关卡中如果想提高难度，可以在车模库中增加色彩相同但车型不同的玩具）；然后，如图3-18（b）所示，立方体依次亮起三面，玩家从底部卡片中选择与立方体亮面相对应的汽车模型，拖拽到怪兽面前，根据怪兽的反应和"满意卡"点亮情况判断是否选择正确，直到集齐三个汽车模型。

第三阶段空间表征关卡，在理解"三视图"概念的基础上，培养玩家

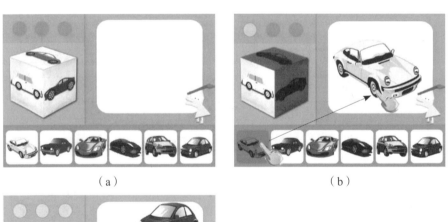

（a）　　　　　　　　　　　　　　　　　（b）

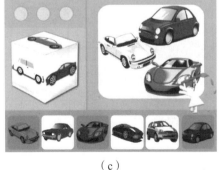

（c）

图 3-18　空间表征第二阶段关卡设计

识别并选择对象的三视图，也就是从知识的获取逐步向知识的运用过渡，这一步对于玩家运用知识解决问题从而形成思维方法具有重要的意义。考虑到第三阶段的关卡认知难度和玩法转变，游戏前观看一段玩法引导动画，如图3-19（a）、图3-19（b）所示，玩家可以通过旋转3D模型模拟现实生活中从不同角度观察四驱车，为游戏化学习的知识迁移提供环境刺激的相同元素；然后如图3-19（c）所示，玩家点击放大底部多角度渲染图卡片；如图3-19（d）所示选择正确的汽车三视图；并最终如图3-19（e）所示拼装成四驱赛车立体模型。这一游戏过程中，玩家通过观察、比较、加工等多个环节，运用前两个阶段学到的"三视图"解决了游戏问题。

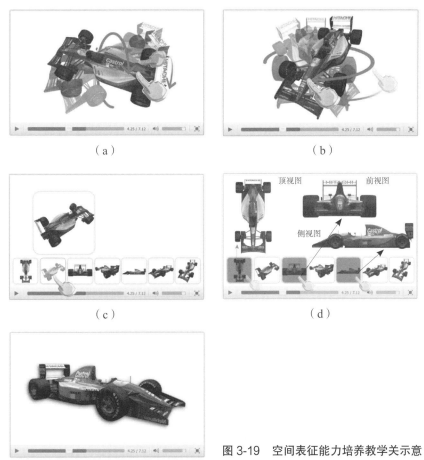

（a）　　　　　　　　　　　　　　　（b）

（c）　　　　　　　　　　　　　　　（d）

图 3-19　空间表征能力培养教学关示意

（e）

观看引导动画后进入第三阶段空间表征游戏。如图3-20（a）所示，玩家旋转观看左侧的3D模型，可以在三个主要角度停下；如图3-20（b）所示，玩家通过观察和对比，从下方的多视角图库里选择正确的汽车三视图卡片，拖拽到右上角的游戏区中，选择正确时引导怪兽给出正面反馈并点亮左上方的"满意卡"；如图3-20（c）所示，玩家最终将车模的前视图、侧视图和顶视图拖动到"组装盒"，并拼装出"鸳小莺"怪兽喜欢的汽车模型，完成关卡任务，同时完成了对"三视图"这个概念知识的运用。

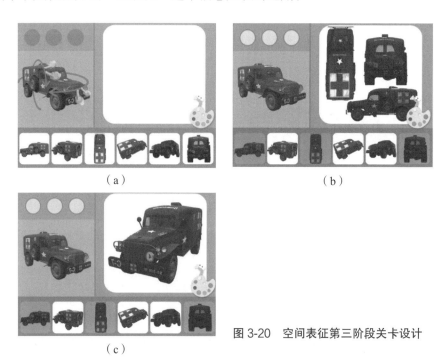

（a）　　　　　　　　　　　　　　　（b）

（c）

图 3-20　空间表征第三阶段关卡设计

（三）设色表征关卡

设色表征关卡结合"主题画"和填色玩法，将游戏内容分三个阶段，从社会主题向自然主题过渡，从浪漫主义设色向自然主义设色过渡。第一阶段游戏表征内容设定为社会主题，以学前语汇表征内容研究中的主题"火箭"为例，如图3-21（a）所示，游戏版面主要由填色区和色块库两部分组成；如图3-21（b）所示，玩家可以根据个人喜好从底部色盘选色填充线稿图；如图3-21（c）所示，玩家每完成一个火箭，左侧的积分卡将被点亮一枚；然后填色区相应出现若干不同造型、不同风格的火箭，玩家可以尝试不同的色彩搭配，完成各式各样的火箭填色；如图3-21（d）~图3-21（f）所示，当所有积分卡被点亮后，游戏版面的填色区会自动填充背景画布为星空，同时画布上会自动生成一段简单的"火箭逐次发射"动画，让孩子们的画"活起来"。

儿童设色表征能力发展到第二、三阶段，逐渐向自然主义设色过渡。对于这一阶段的关卡设计要摒弃对于"蓝天、白云"这种预设色彩的植入，因此，游戏提供写实照片和艺术家作品欣赏，客观写实的自然色彩和艺术化的不同

（a）　　　　　　　　　　（b）

（c）　　　　　　　　　　（d）

（e）　　　　　　　　　　（f）

图 3-21　设色表征第一阶段关卡设计

设色方式，能够启发儿童形成自己独特的色彩表达。这种做法比直接灌输配色技巧，更加尊重儿童主观表达的自由天性。以"鳄小鱼制作猴子玩偶"为例，如图3-22（a）、图3-22（b）所示，左侧是一些猴子的照片，以及韩美林、徐培晨等名家的作品卡，点击卡片放大观察，玩家形成自己对猴子色彩的理解；如图3-22（c）~图3-22（e）所示，再根据自己的理解为玩偶上色。

以上是儿童表征性绘画游戏《怪兽的日常》实例设计分析，场景渐进设计应符合儿童图形表征能力的"似阶段"发展特征，关卡玩法设计应符合儿童造型、空间和设色表征语汇特点。

（a）

（b）

（c）

（d）

（e）

（f）

图3-22　设色表征第二、三阶段关卡设计

第四章　如何设计儿童编程游戏
——培养计算思维的编程游戏

　　计算思维在某种程度上正是凯文·凯利（Kevin Kelly）所说的"机器与生物的结合"的产物，"人们在将生物逻辑输入机器的同时，也把技术逻辑带到了自己的生命之中"，人工智能高速发展的今天，人与机器相互合作与影响，机器变得愈发智能的同时，人们的生活和思维方式也变得越来越程序化，即计算思维逐渐形成。其实，早在20世纪80年代，MIT人工智能专家西蒙·派珀特（Seymour Papert）就在可视化编程研究中开始孕育"算法思维"的概念；"计算思维"的概念是"算法思维"的孪生兄弟，于2006年由卡内基·梅隆大学的计算机系教授周以真（Jeannette M. Wing）正式提出并推广。她认为所谓计算思维，并不是学习和掌握计算机的知识和技能，而是在此基础上形成认识世界、解决问题的思维方式；是一种普适的认识世界的思维角度和解决问题的方式，并确立了计算思维能力是除阅读、写作和算术能力以外的"4th R"[1]的地位，是所有人都可以学习并掌握的基本技能，并不仅仅局限于计算机专业。[2]

　　后续研究发现，4周岁左右的儿童已经具备理解基本的计算机编程概念的认知水平，美国开始开设学前教育阶段相关课程，CSTA（美国计算机科学教师协会）认为K-5儿童需要掌握模块化、可视化编程语言和测试方案的能力，研究者们认为有必要在学前教育中强调计算思维能力的培养。应用商店开始

---

[1]　美国教育界提出阅读、写作和算术是所有人需要掌握的基本能力，这三种基本能力的英文翻译为reading，writing和arithmetic，取每个单词中的字母R，学界将之合称为"3R"。计算思维又被称为算法思维，即algorithm thinking，取algorithm中的字母R，因此将计算思维能力称为"3R"之后的"4th R"。

[2]　WING J M. Computational thinking [J]. Communications of the ACM, 2006, 49(3): 33-35.

出现优秀的编程游戏，并受到用户和玩家的追捧，但整个市场的编程游戏质量良莠不齐，在内容和玩法设计上有待提高。

此外，实证研究表明，尽管计算思维模式会出现在孩子游戏过程中，但单纯的游戏并无法帮助玩家了解和掌握计算思维技能，除非这些游戏的玩法和机制设计以计算思维培养为核心。[①] 所以，我们需要进一步思考如何设计游戏的核心玩法、机制、挑战、目标等元素，以更好地培养玩家提高计算思维的各个方面。为此，本章将研究的服务对象界定为4~7周岁的学龄前儿童，在解构计算思维的基础上，结合游戏实例分析和本体设计框架，分析相关游戏元素的设计原则，最终形成指向计算思维培养的学前儿童编程游戏设计框架，并基于该框架设计一款编程游戏，以期为该领域的从业者和研究者提供思考与借鉴。

第一节　现存问题分析

一、内容设定不符合玩家认知水平

Wing提出计算思维的普适性后，开始出现了针对培养非计算机领域人员计算思维的教辅产品，这些课程和产品主要围绕"可视化编程"观念设计开发，其中不乏品质优良的产品，以"LOGO"和"Scratch"最为典型。"LOGO"是由MIT人工智能研究专家西蒙·派珀特设计开发的儿童编程系统，用户通过编写基于文本的logo语言控制乌龟完成绘图任务[②]，如图4-1（a）所示，用户在编辑器中输入四行代码"fd 120 rt 90"，小乌龟根据命令向前行动120单位再向右旋转90度，并留下"脚印"画图，执行四次后画出正方形；"Scratch"是一款通过拖拽代码块完成编程的网页应用，用户可以"DIY"数字作品，并将自己的作品分享到网上社区与其他小伙伴一起讨论和优化，我

---

①　GROVER S, PEA R. Computational thinking in K-12: a review of the state of the field [J]. Educational researcher, 2013, 42(1): 38-43.

②　BERS M U. The tangibleK robotics program: applied computational thinking for young children [J]. Early childhood research & practice, 2010, 12(2): 20.

国的"编程猫"是其本土化版本，如图4-1（b）所示，用户选中左侧窗口中的元件"风车"，从中间一栏的命令库中拖拽相应的功能块到右栏的编程窗口，以赋予该元件相应的动作或变化；与此同时，逐渐形成了多种定位在少儿的编程语言KPL（Kids Programming Language）。

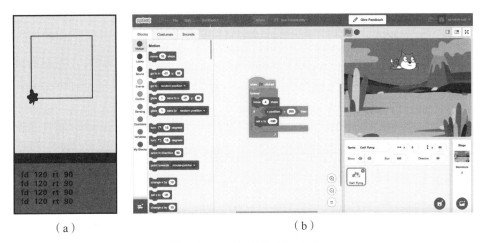

（a） （b）

图 4-1 可视化少儿编程产品

上述编程教辅产品与编程语言相比，虽然极大地降低了编程技能的学习压力，但是对于缺乏计算机学科背景知识和项目开发经验的学龄前儿童来说，即使是"积木式"的可视化编程方式仍然会带来巨大的学习成本，甚至是超出该年龄段孩子的认知水平的。因此，"游戏化编程"成为学龄前儿童通过编程学习掌握计算思维的最佳手段。

二、教育目的浅表化

编程教育低龄化趋势下，开始出现大批同类产品，如图4-2所示，"Scratch中文教程Lite"是典型的儿童编程教学产品，以视频的方式分知识点介绍Scratch使用技巧。我们不禁思考此类产品是否过度强调编程知识和技巧的传授，而忽略了编程培养的最终目的是提升学习者的计算思维能力。我们应该确立编程教育的目的是培养他们的计算思维，而编程只是获得这种思维方式的手段。

图 4-2　Scratch Lite 界面设计

此类产品的教育目的过于浅表化，甚至是本末倒置的，毕竟我们无须把所有的孩子培养成专业程序员或工程师，有些孩子可能更适合做艺术工作者。所以，我们应该确立"为思维而教"的教育游戏设计观念，将计算思维培养，而非编程技能训练作为编程游戏设计的核心。

第二节　解构计算思维

一、计算机学科与计算思维

弗朗西斯·培根曾在《论学习》中提出"凡有所学，皆成性格"的著名论断。[①]"所学"是指某一学科领域的基本知识和规律，"性格"是指通过对该学科特定知识和规律的学习所形成的思维方式。所以，一个学科学习的最终目的是形成该学科特有的思维方式，这种特有的思维方式即该学科特定的解决问题的模式。推而广之，计算机学科的最终教育目的是培养学习者该学科所特有的思维方式，即计算思维。

任何学科，学习者在习得知识和规律的过程中，不仅获得了该学科特有的思维方式，还掌握了该学科特有的分析、解决问题的能力。计算机学科亦

---

①　章益国. 凡有所学，皆成性格：论多学科育人的运作机理 [J]. 思想理论教育，2012（3）：40-44.

是如此。因此，计算机学科学习的目的是在学习计算机科学的基本概念和方法的同时获得该学科特有的"计算思维"及解决问题的思维方式，这种思维方式的核心便是"以计算方式解决问题"（Computational Problem-solving，下文简称CPS）的能力。

二、计算思维的核心能力

计算思维脱胎于算法思维。算法思维是指通过算法解决问题并习得技能的能力[①]。计算思维在此基础上有所扩充，是基于抽象能力分解具体复杂任务，选择适当的概念或方式表征问题，使得该问题可以采用计算机领域的概念或方法进行处理和解决。在Wing首次提出计算思维概念后，大批学者对其进行了进一步的探索，发现计算思维在不同程度上与数学思维（mathematical thinking）、工程思维（engineering thinking）、设计思维（design thinking）和科技思维（scientific thinking）有交集：与数学思维具有相同的目标——解决问题；与工程思维、设计思维具有一致的解决问题的过程——设计与评估；与科技思维共享分析问题的方式——系统分析[②]。因此，培养儿童计算思维也许能够促进其他学科思维能力的提升。

不同学科背景和研究兴趣的学者拥有不同的分析视角，因此并未形成具有统一标准的"计算思维"构成要素。D. Statter提出运用算法思维和抽象思维解决问题是计算思维的首要技能；Lee T Y等提出了计算思维是一套思维模式，包括理解并表征问题，通过多层次的抽象推理去分析问题，并提出自动化的解决方案[③]；C. Kazimoglu认为计算思维在游戏过程中体现出来的核心技能包括解决问题、设计算法、调试和仿真等；"国际教育技术学会"综合各家研究成果指出计算思维的核心能力是通过计算机科学领域的基本概念去解决

---

① PAPERT S. Mindstorms: children, computers, and powerful ideas[M]. Basic Books, 1980: 160.

② BERS M U. The tangibleK robotics program: applied computational thinking for young children[J]. Early childhood research & practice, 2010, 12(2): 12.

③ LEE T Y, MAURIELLO M L, INGRAHAM J, et al. CTArcade: learning computational thinking while training virtual characters through game play[C]//CHI'12 extended abstracts on human factors in computing systems. ACM, 2012: 2309-2314.

问题的能力（CPS）。

三、CPS——以计算方式解决问题

分析国内外有关计算思维的现有文献可知，以计算方式解决问题的能力是培养计算思维的核心，我们主要从两个方面考虑游戏内容和教学设计以更好地培养玩家的CPS："解决问题"和"以计算机的方式"。首先，"解决问题"的能力是"以计算机方式解决问题"能力的前提；其次，根据"凡有所学，皆成性格"可知，通过学习计算机学科知识来获得该学科特有的"计算机方式"。

（一）问题解决能力

在解决问题过程中，学习者通过高效学习理解问题，提出创造性方案，从而测试解决某个特定问题。[①]美国教学设计领域著名专家戴维·乔纳森（Darid H. Jonassen）认为，解决问题的过程其实是一种实现有意义的高效学习的综合方法。[②]众所周知，解决问题包括三个主要流程：发现问题、寻求方法、解决问题。推而广之，以计算方式解决问题的三个主要环节，即抽象表征问题，设计算法方案，以及测试与调试。

科斯特在《游戏设计快乐之道》中提出"游戏是亟待解决的问题"的观点，得到世界范围内学界和业界的认可。玩家在游戏过程中通过了解游戏规则、设计闯关方案，解决游戏问题。这一过程与解决问题的过程不谋而合，因此，玩游戏可以培养玩家解决问题的能力。此外，研究表明游戏以动画和交互的方式仿真问题环境，这种真实且生动的呈现方式能够调动玩家积极进行逻辑、记忆和可视化等思维活动，以促进玩家对问题解决能力的习得。

---

① BRANSFORD J D, STEIN B S. The ideal problem solver: a guide for improving thinking, learning, and creativity [J]. A series of books in psychology, New York: Freeman, 1984(1): 29.

② JONASSEN D H，钟志贤，谢榕琴. 面向问题求解的设计理论（上）[J]. 远程教育杂志，2004（6）：15-19.

（二）培养维度分析

布伦南（Brennan）等从计算概念、计算实践和计算观念三个维度规定了计算思维。计算概念是指编程中使用的计算机科学的基本概念，如变量；计算实践是指使用编程解决问题的过程中习得的算法方法，如循环、迭代；计算观念是指从计算机科学的角度认识自我和观照世界，如欣赏窗外"倒立"的白杨树。[①]第一维度和第二维度是计算机学科的基础知识和方法，也就是弗朗西斯·培根所说的"所学"；第三维度是通过第一维度和第二维度学习后形成的学科"性格"，即计算机学科所特有的解决问题的思维方式。

处于第一维度的计算概念，如变量、常量、标识符等属于语法范畴，也就是每一种语言都有特定的通用语言标准，以保证程序表面形式的正确。专业人员通过学习和长期实践掌握的某一特定编程语言的语法和编程技巧，对于学前儿童来说简直是天方夜谭。因此，我们尝试通过"游戏化"方式，弱化第一维度计算概念的学习难度，降低儿童认知成本。引导玩家使用基本的算法方法解决问题，实现第二维度的培养目标，并在游戏场景设计中尽可能多地呈现现实环境，通过迁移学习（Transfer Learning）将游戏中获得的方法运用于现实环境，形成从计算机学科角度认识和改造世界的思维方式，以达到第三维度培养玩家计算观念的目标。

综上所述，计算思维的核心能力是通过计算机基本概念解决问题的能力，并分解为抽象表征问题、设计算法方案，以及测试与调试这三个方面。学习者可以通过学习掌握计算机学科的基本概念和方法，获得以计算方法解决问题的能力，从而形成计算思维。而计算机科学领域内，学习基本概念和算法的主要手段是编程，所以我们试图探索指向计算思维能力培养的编程游戏设计框架，并基于此开发一款游戏原型。

---

① LEONARD J, BUSS A, GAMBOA R, et al. Using robotics and game design to enhance children's self-Efficacy, stem attitudes, and computational thinking skills[J]. Journal of science education and technology, 2016, 25(6): 860-876.

第三节　游戏元素与计算思维的映射关系

国内外关于游戏构成元素的理论层出不穷、各有所长，按照时间顺序梳理其中较有影响力的观点：帕莱特（Parlett）通过对比游戏和"玩"之间的区别得出游戏必须具备两个要素——规则和目标。Abt发展了帕莱特的观点，认为游戏是在规则限制下的玩家为达到目标的一系列决策行为；凯卢瓦（Caillios）在《人类、玩和游戏》（*Man, Play and Games*）一书中回应和发展了胡伊青加的《游戏的人》（*Homo Ludens*），认为游戏与玩都应受规则约束；Suits在《游戏、生活和乌托邦》（*Games, Life and Utopia*）一书中提出玩家只有在接受设定的规则、目标和障碍时玩的游戏才有意义；Costikyan认为游戏是一种艺术形式和文化形式，参与者或玩家通过操作作出选择来管理游戏资源以实现游戏目标；Sutton-Smith等在《游戏研究》（*The Study of Games*）中提出游戏是玩家自愿展开的、受规则限制的、产生胜负的体能或智力上的对抗活动，该定义强调游戏是一种挑战；游戏专业"教科书"《游戏设计快乐之道》从设计学角度规定游戏是一个玩家对抗的非现实系统，该系统有一定的规则，并产生量化结果。

根据上述文献综述分析可知，游戏或多或少地包括目标、规则（机制）、挑战（对抗）、资源、障碍等元素，我们假定其中出现频次最高规则、挑战和目标，分别对应CPS三方面培养步骤：抽象表征问题，设计算法方案，以及测试与调试。选择依据与匹配原理的分析详见下节。

第四节　编程游戏设计框架分析

简述选择编程作为培养CPS手段的两方面原因：首先，编程包含了计算机学科学习的基本知识和技能，符合弗朗西斯·培根"所学"的要求，例如基于"LOGO"的早期研究发现以结构化的方式引入计算机程序设计，不但可以改善幼儿视觉记忆、基本数感，而且能够培养他们解决问题的技能[1]；其次，Papert和Resnick的研究表明学习编程可能会影响人们的思考方式，通过编程手段培养的计算思维能力会影响人们的思考方式，进而运用到非编程领域解决问题。

对应CPS三方面培养目标：抽象表征问题，设计算法方案，以及测试与调试，由规则、挑战和目标三要素的设计原则构成编程游戏的设计框架，具体分析如下。

一、"元游戏"表征问题——游戏机制

CPS的第一个步骤是表征问题，对应游戏的核心规则，也称之为游戏机制。引导儿童表征问题有两个前提：首先为玩家提供一个需要解决的问题；然后确立其问题解决意识，即意识到问题的存在。实现这两个前提的设计方法是"元游戏"，"元"也可理解为"后设"（meta），广义的后设可以理解为"关于什么的什么"，如"元小说""元动画"，也就是"关于小说的小说""关于动画的动画"。问牛知马，"元游戏"是指"关于游戏的游戏"，也就是游戏嵌套游戏的设计方式。

上文提到"游戏是亟待解决的问题"，所以我们可以进行"元游戏"处理，将一款游戏嵌入新游戏，作为新游戏的一个问题。如图4-3所示，图4-3（a）是一款简单的地图游戏《糖果家园》，玩家通过方向键控制游戏主角旋风糖到达右下方的糖果屋闯关，过程中尽量避开障碍物海星，并尽可能多地采集糖果以获得高分；图4-3（b）是"元游戏"处理后的《糖果家园》，在新游戏中开辟问题窗口，并将原版游戏纳入，为玩家提供一个需要解决的问题。

接下来确立玩家的问题意识，中外教育家对培养问题意识的观点与思想见仁见智：孔子认为"疑是思之始，学之端"，怀疑态度与问题意识统一，意

---

① RESNICK M, MALONEY J, MONROY-HERNÁNDEZ A, et al. Scratch: programming for all[J]. Communications of the ACM, 2009, 52(11): 60-67.

识到问题的存在是思维和学习的起点；东汉王充的"不问不识"、近现代李四光先生说"不怀疑不能见真理"等观点是对孔子观点的发展；美国实用主义教育家杜威（John Dewey）提出"通过提出和解决问题进行教学"的观点；并由布鲁纳（Jerome Seymur Bruner）发展为"探究—发现"式教学方法，主张让学生在探究发现活动中培养问题意识。受元认知理论启发，确立问题意识的关键策略是强化解题者在问题解决中的主体意识[1]，也就是确立玩家作为问题解决者的地位，考虑到"当局者迷，旁观者清"，我们需要将玩家从问题环境中剥离出来。以图4-3为例，在图4-3（a）所示的版本中，玩家通过方向键操作，将自我投射在游戏环境中，以"旋风糖"角色的化身存在；"元游戏"处理后，在图4-3（b）所示的版本中，玩家事先分析整个问题环境，然后编写程序来解决问题。这个过程中玩家以"问题解决者"的身份存在，从问题环境中剥离出来，强化其主体意识，从而确立其问题意识。此处需要补充说明，某些读者可能提出质疑，因为玩家无法沉浸于游戏环境中感受"化境"体验，所以"元游戏"设计方法与"沉浸理论"冲突。其实不然，换个角度解释，其实图4-3（b）所示版本是一个解决问题的游戏，玩家则以"问题解决者"的身份沉浸其中。

在表征问题阶段，我们期待玩家可以掌握从具体环境中提取抽象问题的能力，这一过程与传统的学习理论相符，即儿童认知经历从具体到抽象的过渡。经过"元游戏"处理，我们为玩家提供了问题，并确立了其问题意识。下一步，我们需要确保该游戏可以被抽象识别为计算表征，这里使用第二个游戏设计方法"具象化"。

以游戏《糖果家园》为例，我们希望玩家能够从图4-3（a）的具体环境中提取出问题实质是"两点间的路线规划"，如图4-3（c）所示，并表征为"M点到D点的路线规划，经过B1、B2、B3和B4点"的基于算术和符号的抽象形式，这与Wing教授所说的"基于符号的思维"（symbol based thinking）相符。教学设计是学习的逆向过程：首先设计师选取一个基于算术或符号的抽象问题，然后为其披上游戏的"外衣"，如游戏角色、场景和故事。这个设计方法经历了从抽象到具象的过程，称之为"具象化"。

---

① 方海宁. 学生问题意识和解决问题能力的培养策略研究［D］. 苏州：苏州大学，2008：39-50.

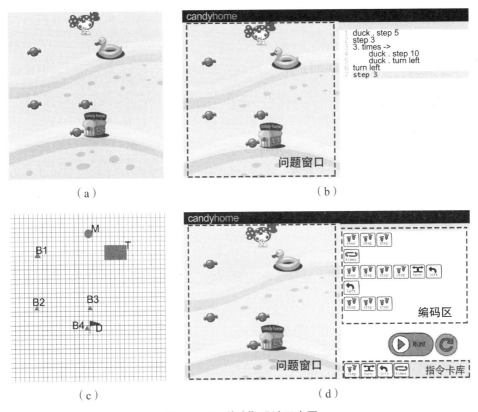

图 4-3　"元游戏"设计示意图

二、"游戏化"建构算法——游戏挑战

CPS的第二个步骤是设计算法方案，该步骤与游戏挑战元素相对应。游戏挑战主要包括脑力挑战和体力挑战两种：脑力挑战一般指策略设计，大部分解谜游戏属于这一类，如迷宫游戏、地图游戏等；体力挑战一般指身体协调能力，大部分体感游戏、动作游戏或音乐节奏类游戏属于这一范畴。大部分MOBA游戏挑战两者皆具。编程游戏的挑战设计主要围绕脑力挑战，特别是以计算方法解决问题的方案设计挑战，具体操作表现为编写程序，如图4-3（b）所示，在游戏界面中开辟编程窗口。

计算机科学领域普遍认为编程学习不仅是编码基本技能，如语法、语义的练习，更强调对计算思维模式的理解。此外，考虑到大部分学龄前儿童不具备阅读和拼写英文语句的能力，所以在设计挑战时应尽量避免拘泥于脚本编写技巧，更多地关注算法逻辑。C. Kelleher将编程定义为"the act of assembling a set of symbols representing computational actions"（将一组表示指令的符号组织在一起的活动），受其启发我们尝试将脚本语句封装到符号卡片中，玩家只需从卡片库中拖拽相应的指令卡片（也称指令卡）到编程窗口，并按一定的顺序组织这些卡片，即可完成编码操作。这种"拖拽式"的编程方法降低了编码技巧学习成本，我们称之为"游戏化编程"的方法设计挑战。如图4-3所示，图4-3（b）是传统的脚本编程，对于学龄前玩家几乎是痴人说梦；图4-3（d）是"游戏化"处理后的编程方式，相较于图4-3（b）版本，大大降低了"编写"难度。Scratch开发团队和Code.org的课程团队已经开始尝试用图标代替语言的编程方式，并初显成效。

目前，"游戏化编程"设计方法大致可以归纳为两类（图4-4）：第一类是"积木式"（Block-based），玩家像拼乐高一样，把对应功能的指令块拼接到一起，是源于Scratch的一种线性编程范式，类似设计的产品有"LightBot""The Foos""Osmo Coding"等；第二类是"基于流"（Flow-based），不同于"积木

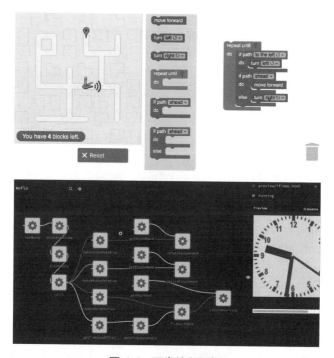

图 4-4 两类编程逻辑

式"的线性方式，"基于流"方式是基于"分解"（decomposition）的逻辑范式，在理解问题预设条件或状态之间联系的基础上，将其分解为多个部分加以解决，在解决问题时只需关注其中的一个条件或状态，以对if语句的处理最为典型。在后续的编程游戏实例设计中，将详细介绍如何运用"游戏化"处理这两种编码方式。

三、"多周目"测试调试——游戏目标

CPS的最后一步是测试与调试，即运行程序测试以发现问题，修改调试代码后再测试，如此周而复始直至问题解决。该阶段的游戏操作过程如图4-3（d）所示，玩家点击编程窗口中的执行按钮，"旋风糖"按照程序指令运行，如果能够到达糖果屋则闯关成功、问题解决，否则，玩家重新修改程序再执行。

但是，仅仅解决问题不是我们的游戏的终极目标，玩家解决问题后，游戏奖励机制将引导玩家思考更加高效的策略，衡量标准是使用更少的指令卡片完成任务，以获得更高的游戏评分，这与程序调试"以加快程序运行、减少存储和功耗"的目的不谋而合。例如，玩家第一次使用多次叠加解决问题，第二次使用循环叠加解决问题，第三次使用乘法解决问题，在此过程中，玩家需要反复思考、设计方案、测试调试。我们称这种反复迭代的操作过程为"多周目"（NG+，New Game Plus的简称）。"多周目"原指流行于RPG游戏的一种"重玩机制"（replay mode），即允许玩家在游戏结束至少一次后重玩的游戏机制。这种玩法与反复测试迭代的操作异曲同工，所以我们称这种游戏目标设计方法为"多周目"。

综上，编程游戏的规则、挑战和目标三要素与CPS的表征问题、建构算法、调试测试三方面能力的对应关系和设计框架总结为"以CPS为核心的设计框架"（CPSCD，computational problem solving centered design framework）。具体映射关系和设计原则如表4-1所示，从三个方面分别描述：第一步表征问题对应游戏规则和玩法，可以增加问题窗口，确立玩家的"问题意识"，将一款游戏内化为另一款游戏的问题，设计原则是"元游戏"和"具象化"；第二步构建算法对应游戏智力挑战，主要包括"积木式"和"基于流"两种编程框架，为了适应学龄前玩家的学习认知水平，将传统的编码语句分装成为指

令卡，玩家拖拽指令卡完成编程任务，设计原则是"游戏化编程"；第三步测试调试对应游戏目标，通过反复调试编码控制游戏角色完成任务、解决问题，在此基础上通过奖励机制鼓励玩家迭代出更加高效的解决方案，设计原则是"多周目"。接下来，基于该框架设计一款指向计算思维培养的儿童编程游戏实例，考虑到后期实验的对照组和实验组的数据对比需求，我们将设计同款游戏的两个版本，其中第二版是根据该设计框架在第一版的基础上优化而来的。

表 4-1 "CPSCD"编程游戏设计框架

CPS步骤	游戏元素	设计原则	具体实践
表征问题	规则与玩法	元游戏、具象化	将原游戏内化为新游戏的问题
构建算法	智力挑战	游戏化编码	封装算法，拖拽指令卡编码
测试调试	游戏目标	多周目	解决问题，寻求更高效方案

第五节　编程游戏设计分析

《小世界》是基于CPSCD设计框架自主开发的一款针对4~7周岁儿童的编程游戏，游戏总体目标是通过"游戏化编程"手段传授算法、程序、指令、测试、调试、循环、分解等软件工程概念，潜移默化地培养儿童的初步计算思维。《小世界》的游戏世界观是探索昆虫世界的奇妙奥秘，如蜣螂为何孜孜不倦地推粪球、去中心化的蜂群如何做决策、蝴蝶叶脉和蝉鸣的规律等。如图4-5所示，以"苍蝇"（算法）、"蜣螂"、"蚂蚁"、"蝴蝶"（是artist画翅膀换装，将形状分解成最好的可重复的序列"decompose"a shape into its smallest repeatable sequence）、"蜜蜂"这五类昆虫的生活习性等为游戏的故事背景。

考虑到实证阶段配对体检验（t-test）中对照组（control）和处理组（treatment）的对照需求，我们将设计两个版本游戏，第一版是传统的游戏设计，第二版是基于CPSCD设计框架优化的游戏设计。如此，我们可以控制除游戏机制、挑战和目标以外的所有元素，将与实验无关的其他要素的干扰降到最低。接下来从游戏本体和教育内容两个角度分析《小世界》游戏实例的设计细节。

图 4-5　游戏首页和场景选择页概念设计

一、主要元素设计

根据上文分析，游戏元素包括规则、玩法、机制、角色、道具、场景、故事、目标等，如游戏《愤怒的小鸟》，其核心玩法是"射击"，主要规则是三次机会内刷掉所有的猪，游戏角色包括各类鸟弹和猪，道具有弹弓、变速器等，场景设计包括沙漠、海洋、天空等，游戏目标是射杀所有的猪，为小鸟一族报仇。但本节主要结合 CPSCD 设计框架，分别对应 CPS 的三个主要步骤表征问题、构建算法和测试调试，论述机制（核心玩法和主要规则的集合）、挑战和目标这三个主要游戏元素的设计原则。

（一）机制——表征问题

游戏机制包含了核心玩法与主要规则，在教育游戏设计中，往往与游戏的内隐教育目的息息相关。《小世界》从游戏故事和世界观的角度讲，是一款探秘游戏。但从培养玩家计算思维的角度讲，是一款编程游戏。这款编程游戏的内隐教育目标是对 CPS 的培养，即用计算机科学领域的方法去解决问题的思维方式的培养。因此，核心玩法设计应该与培养玩家用计算方法解决问题的目标相统一。根据上文分析可知，首先我们需要确立玩家的问题意识，所以我们选择将原游戏各个场景关卡内化为新游戏的问题窗口，玩家从游戏环境中剥离出来，以一个问题解决者的身份认知存在于新游戏中。如图4-6所示，玩家并没有内化为游戏角色昆虫，而是以探秘者的身份存在于故事之外。

（二）挑战——指令卡片

对于初学者或者学前儿童来说，即使是"积木式"的可视化编程方式仍然超出了他们的认知接受范围。为了降低编程的语言难度，引导玩家聚焦于算法或编程逻辑，我们将语言指令封装入质量卡片，存入卡库。玩家可以通过拖拽，排列指令卡片进行"编程"，如此既可以避免学习编程语法及语义，还可以着重培养玩家的编程逻辑和算法思维。

（三）目标——解决问题与再思考

考虑到一个问题可以由多种算法解决，例如"阶乘"问题可以通过循环方法解决，也可以通过较为烦琐的多次乘法解决。因此，为了引导玩家寻找最优解，游戏目标分为两个层次：解决问题与再思考。当玩家解决了关卡问题，完成关卡任务，可以进入下一关卡；但游戏系统会根据玩家当前关卡的资源使用量，即指令卡的数量，给予相应的反馈，激励玩家再思考，并寻找最优解。

二、游戏教学内容设计与原型策划

对缺乏计算机科学知识背景的学龄前编程新手而言，让他们掌握复杂的编程语法和语义是不现实的，布莱恩·哈维（Brian Harvey）曾在他的文章中提到不建议儿童时期就开始学习递归程序、高阶函数或对象类等计算机方法。我们倾向于向他们传达计算思维的基本概念和方法，如算法、编程、循环、条件等，根据美国学前编程课大纲，我们设计游戏《小世界》内隐5个知识点，分别是：

（1）算法（Algorithm），算法是计算机科学的基础，学前儿童可以简单地理解为"为获得某一结果而遵循的一系列指令"，这也是"拖拽指令卡编程"玩法的设计基础；

（2）编程（Programming），在算法的基础上理解编程，即编程是可以被机器执行的算法，这就要求指令的规范性和顺序性可以被机器识别，也就是说当算法拥有了通用语言（Common Language）和序列（Sequence）的属性便是程序；

（3）调试（Debugging），程序调试能力是编程的重要保障[①]，一般包括单步跟踪执行、断点设置、观察变量的变化等方法[②]，后续关卡将结合这些方法进行设计；

（4）循环（Loops），循环是程序设计入门中最重要的内容之一，是一切过程设计的基础，也是更高级程序设计的基础，将循环的概念传达给儿童，可以初步地理解为"反复做某事的行为"，简单地说就是重复执行指令；

（5）分解（Decomposition），是计算思维的核心概念，在计算机科学中的功能分解主要是指掌握模型功能的复杂性的技术，将复杂的问题或系统分解为易于分析、理解，并且用编程解决的一系列子系统或组件。

整个游戏的内隐概念的导入过程：从指令到算法，到程序，到调试程序，再到循环概念引入，最后是基于条件的分解。指令、算法、程序是本游戏的概念基础，我们可以通过事物移动类比的方式表述三者的关系，即物体的移动可以表达为执行一系列指令的结果，其中一系列指令便是算法，这些指令按照一定的顺序组织在一起便形成了程序。在这三个基本概念的基础上引入调试、循环和分解等方法，具体设计过程如下。

（一）Algorithm——"无头苍蝇"

故事背景：苍蝇虽有复眼，但由于其向光性较弱，所以飞行时缺乏方向性，总是嗡嗡乱撞，我们习惯称它们为"无头苍蝇"。游戏任务要求玩家解决苍蝇没有目标随便乱飞的问题，试图操控苍蝇向指定的方向移动，改变它们横冲直撞的飞行习惯。

算法作为第一场景的内隐教学内容，是指为获得某个结果而执行的一

[①]　徐章艳."C语言程序设计"实验教学的探讨［J］.电气电子教学学报，2004，26（2）：84-89.

[②]　李陶深、杨柳、张锦雄，等.以能力培养为核心的程序设计课程教学研究与探索［J］.广西大学学报（哲学社会科学版），2008，30（增刊2）：36-37.

系列指令，我们首先可以尝试引导玩家理解指令的意义。该场景的关卡设计灵感来自"Tasks can be described using a specific list of instructions. That list is called an 'algorithm'."（任何任务都可以被表述为一系列指令，而我们将这一系列指令称为"算法"），所以玩家完成任务的一系列指令也就是算法。具体关卡设计如下：

第一关和第二关为算法场景的教学观：在第一关中，引导玩家手动拖动无头苍蝇向右移动一个单位以完成任务，随后出现向右的指令卡；在第二关中，玩家不可直接拖动游戏角色，必须通过拖拽指令卡到编程窗口中，以运行代码的方式控制苍蝇执行相应的动作完成任务。多次操作以后，玩家逐步形成指令的概念。

在第三关和第四关中，逐渐增加指令的丰富性：除方向卡以外，引入旋转、跳跃等动作指令卡。当完成第四关任务后，系统提示当你一次性向游戏角色发出多个指令时，便形成了算法。

在第五关和第六关中，增加游戏任务的复杂度，玩家需要通过多个指令控制苍蝇到达指定地点。由此，完成算法概念的引入。

本场景关卡选择和玩法如图4-6所示。

图4-6 "无头苍蝇"关卡选择和玩法原型图

（二）Programming——"蜣螂将军"

故事背景：蜣螂俗称"屎壳郎"，它还有其他有趣的名字，如"牛屎拱拱""陆上清道夫"。蜣螂不像苍蝇那般貌侵，也不如蝴蝶那般优雅，却有着鞘翅目金龟科昆虫的魁梧身躯和甲胄，当它在一个个粪球上书写自己的人生和理想时，看上去就像一个快乐的将军。蜣螂习惯性将动物粪便加工成球形，以方便运送到地下巢穴，之后将其作为产卵、孵化幼虫及提供食物的场所。让我们和"圣甲将军"一起推粪球吧！请注意，一定要把粪球推进巢穴中哦！

编程概念的导入基于对算法和指令的理解。从学前儿童的认知水平解释算法到编程概念的过渡：首先，编程是可以被机器识别并执行的算法，为了让机器识别，算法必须遵循其能够读懂的规则编写，也就是通用语言，如"画个眼睛"可以规定为"圆"，"画个鼻子"规定为"三角"；然后，当算法的每个指令都被规定为一个特殊的代码，并遵循一定的顺序，算法便成了程序。因此，本场景主要引入通用语言（选择与本关卡角色整体颜色相同的指令卡，在 library 左上方选择色卡）、顺序和程序这三个概念，共6关，每关的具体设计如下：

第一关为教学关，我们需要让玩家认识到通用语言是发出清晰指令的前提，因此我们需要将特定动作转换成符号性指令，并封装成指令卡。除了上一场景中规定的移动、转向等指令卡，本关卡再规定"翻越"这个动作指令，在蜣螂推动粪球移动的过程中，遇到类似于土堆的障碍时需要发动翻越技能，当粪球翻越障碍物后系统提示规定该动作为"翻越"技能，并封装成指令卡。

第二关为教学关，在第一关的基础上规定"推入"这个动作指令，本关卡的起始状态是粪球到达穴口，蜣螂需要发动推入技能将粪球送进巢穴，并完成游戏任务。此时，系统会提示玩家规定该动作为"推入"技能，并封装成特定的指令卡。

第三关为教学关，引入顺序编程概念，综合了移动、转向和推入这三类动作指令，为玩家提供相应的地图任务，但每个指令只用一次，玩家必须按照正确顺序排列三个指令才能完成任务，由此为玩家传递通用语言和顺序的概念，完成由算法到程序概念的转变。

第四关到第六关，通过设计不同的地图任务，巩固对通用语言、顺序和程序概念的理解。

本场景关卡选择和玩法如图4-7所示。

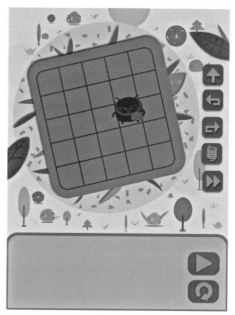

图 4-7　"蜣螂将军"关卡选择和玩法原型图

（三）Debugging——"蚂蚁搬家"

故事背景：古人发现蚂蚁总是在阴天搬家，后总结谚语"蚂蚁搬家蛇过道，明日必有大雨到"，我们错误地以为蚂蚁搬家是为了防止雨水淹没自己的洞穴。但是，其实蚂蚁搬家另有原因，如蚁穴附近食物短缺、规避其他蚁群的侵略等。而蚂蚁选择在阴天搬家，是为了防止搬家过程中阳光暴晒对蚁卵造成伤害，与下雨并没有直接的联系。朋友们，这只小蚂蚁在搬家过程中遇到了麻烦，请你调整右侧的编码，帮助它顺利到达新家。

程序调试又称出错，是发现和减少程序错误的过程，基本步骤包括发现错误的存在、对错误进行定位、确定错误产生的原因、提出纠正错误的办法和改正错误并重新测试。基于此，游戏需要给定玩家一段存在问题的代码，然后引导玩家发现并改正错误，这不同于前两个场景，不仅解决了原游戏问题，也解决了编程问题，是对玩家问题解决意识的双重强化。具体关卡设计分析如下：

第一关和第二关的错误问题主要是缺少一些指令卡，玩家首先根据给出的编码方案摆放指令卡，系统识别后激活编程。通过运行程序发现，蚂蚁搬家的过程中，向左移动三步后向右转，但是给出的编码缺少了"右转"这一指令卡。第三关和第四关的程序问题在于多余的指令卡。第五关和第六关的程序问题在于指令卡的错误顺序或选择了错误的指令卡。

当玩家解决了本场景所有关卡的问题以后，我们尝试向儿童解释调试（debug）的概念：我们称编程中的问题为"bug"，称解决问题为"debug"。让玩家知道，调试这个过程正如修复某个坏掉的东西，需要一次次地反复尝试。

本场景关卡选择和玩法如图4-8所示。

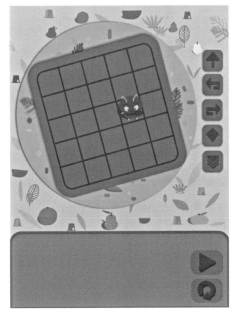

图4-8 "蚂蚁搬家"关卡选择和玩法示意图

（四）Loops——"蝴蝶换装"

故事背景：相传很久以前有个说法，蝴蝶喜爱偷吃奶油，但因为它们拥有美丽的彩色翅膀，人们称之为偷吃奶油的精灵，所以蝴蝶的英文是butterfly。蝴蝶美丽的翅膀其实是附着了鳞片样的斑粉，这些神奇的斑粉会随着环境的变化而发生改变，用以伪装或者恐吓天敌，如枯叶蝶和鬼脸天蛾。让我们一起保护这些白色精灵，为它们换装！

游戏将为玩家提供多种重复纹样的环境，并绘制蝴蝶的纹样。

循环即重复执行指令，是描述重复一定次数的动作的一种方法，因此我们需要引导玩家将一组重复的动作转化为单个循环。前三个场景的关卡中，每条由指令卡组成的语句在程序中只运行一次，从loops场景开始，我们向玩家引入循环结构。具体关卡设计如下：

本场景的第一关关卡任务需要玩家反复执行某个命令，完成为蝴蝶翅膀画上与背景环境相似的波浪图案来伪装和保护它们。第二关的关卡任务与第一关完全相同，但是loops的教学关引导玩家循环执行该指令完成任务，循环卡片包括一个参数格和一个卡扣：参数格用于填写循环变量以控制循环次数；卡扣用于连接循环体。玩家首先拖动循环卡片到程序窗口，将第一关的动作卡片拖入卡扣后，填写相应的次数，画笔开始绘制蝴蝶纹案。完成任务后，引导玩家认识相比手动重复（Manual Repetition）循环结构（Loop Structure）的优势。

第三关在前两关的基础上，强化对循环结构的运用，循环卡片包括一个参数格和两个卡扣：参数格用于填写循环变量以控制循环次数；第一个卡扣用于连接循环体，循环体从单个指令升级到序列指令；第二个卡扣用于连接循环终止条件。第三关提供比前两关更加复杂的环境背景，循环体由多个指令卡构成。

第四关试图将循环框架和序列化指令相结合，引导玩家在编程过程中灵活地运用循环方法。首先是居中横线，然后是多个V形，程序由序列指令和循环卡共同构成。

第五关和第六关继续增加循环结构运用的复杂度，首先是居中横线，然后是两个V形，接着又是居中横线和两个V形，引导玩家用循环嵌套绘制蝶衣、解决问题。

本场景关卡选择和玩法如图4-9所示。

图4-9　"蝴蝶换装"关卡选择和玩法示意图

（五）Decomposition——"蜂群智慧"

故事背景：蜜蜂是与人类生活密切相关的一种昆虫，我们驯养蜜蜂来生产蜂蜜、蜂蜡和蜂胶等。蜂群内分工明确，通常有1~2只负责产卵的雌性蜂王、若干与蜂后繁殖后代的雄蜂和数以万计的缺乏生殖能力的雌性工蜂。为了保证整个蜂群的食物供给，工蜂需要不停地工作，白天采蜜、晚上酿蜜。此外，蜂群的社会行为丰富，是研究社会行为学的良好模式生物，如蜂群选择洞穴时的"蜂窝式组织架构"对人类团队管理和高效决策带来了深刻启发，让我们在本游戏场景中一起探索神奇的"蜂群智慧"吧。具体游戏设计如下：

在前两关中，我们首先定义蜂群活动中的所有动作，将其规定为指令，并封装到特定的指令卡中。从本场景的故事背景中得知，我们需要分别规定"飞行"、"采蜜"和"酿蜜"，"飞行"可以沿用前几个场景的昆虫移动指令卡，本关分别定义"采蜜"和"酿蜜"，当蜜蜂遇到花朵时采蜜，然后屏幕灰掉，规定活动为"采蜜"指令卡；第二关中，遇到蜂巢，工蜂开始酿蜜活动，然后屏幕灰掉，规定活动为"酿蜜"指令卡。

在接下来的关卡中开始引入分解（Decomposition）概念，将较为复杂的问题或系统分解为易于分析、理解，并且可以用编程解决的一系列小问题或子系统，如对于何时"采蜜"、何时"酿蜜"的条件判断，本关卡引入"条件判断卡"，玩家可以在卡扣后增加条件判断卡和动作指令卡。如根据途中的地图情况：蜜蜂一直向右飞行10步到达蜂巢，途中遇到花朵，根据条件卡判断，飞行7步遇到花朵进行"采蜜"活动；继续向右飞行遇到蜂巢时进行"酿蜜"活动。

本场景关卡选择和玩法如图4-10所示。

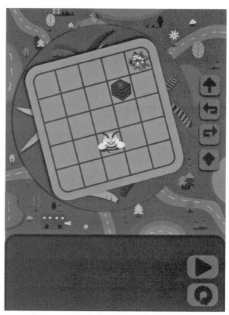

图 4-10 "蜂群智慧"关卡选择和玩法示意图

三、游戏实例设计分析

基于上节的编程教学内容设计和原型策划分析，将CPS核心能力培养环节融入各教学模块中，结合关卡主要元素的设计原则，我们开发了一款学前可视化编程游戏《小世界》。游戏依据教学内容模块分为五个场景，分别是算法、编程、测试、循环和分解，并将每个场景的核心概念与相关昆虫习性相结合，将核心概念内化到游戏操作中，引导玩家在拖拽卡片的过程中完成操作性学习。

（一）游戏概述

游戏的核心机制是玩家通过计算机领域中编程的基本思维和方法来解决游戏中的问题（computational problem solving skills）。其中，玩家通过指令卡来操控游戏角色的运动，而游戏角色需要通过一系列动作来达成最终的目标，如移动至某一个具体的地点或完成酿蜜行为。玩家通过在解决方案编程区，按照正确的顺序摆放指令卡片来解决问题窗口的问题。游戏场景的视角为顶视，以便向玩家最大限度地展现游戏中的场景及其元素。

表4-2　指令卡片一览表

名称	作用	出现场景
前进	通用动作指令卡，角色前进	ALL
左转	通用动作指令卡，角色左转	ALL
右转	通用动作指令卡，角色右转	ALL
上升	通用动作指令卡，角色跳上高台	ALL
推入	蜣螂特有动作指令卡，蜣螂推动粪球进入洞中	蜣螂将军
采蜜	蜂群特有动作指令卡，蜜蜂采蜜	蜂群智慧
酿蜜	蜂群特有动作指令卡，蜜蜂酿蜜	蜂群智慧
循环	通用功能指令卡，标志着重复执行指令	蝴蝶换装
条件	通用功能指令卡，标志着指令根据条件执行	蜂群智慧

表4-3　游戏角色一览表

角色名称	介绍	出现场景
苍蝇小晕	小晕性格毛毛躁躁，行事毫无章法，总是嗡嗡乱转	无头苍蝇
蜣螂壮壮	性格沉稳、身材魁梧的壮壮看起来呆头呆脑的，但工作起来可是勤勤恳恳、任劳任怨	蜣螂将军

续表

角色名称	介绍	出现场景
蚂蚁小小	群居的蚂蚁为了保障家的安全，需要频繁地搬家。小小是蚂蚁家族搬家的指挥员	蚂蚁搬家
蝴蝶丽丽	爱美丽的蝴蝶小姐丽丽总是觉得自己的衣柜里少了件衣服，有规律的服装图样深得丽丽的心	蝴蝶换装
蜜蜂勤勤	一刻也停不下来的蜂群忙忙碌碌，乍看之下蜂群的运作好似一团乱糟糟的毛线，但若细心观察就能找到蜂群的工作模式啦。勤勤便是蜜蜂大家族里公认的小能手呢	蜂群智慧

关卡 UI 与结构属于 iPad 游戏场景，主要分为 3 个部分：目标运行窗口、解决方案窗口、指令卡窗口。目标运行窗口包含本关的目标、游戏角色及其所在的场景，当运行解决方案时，玩家能够在目标运行窗口观察角色的运动；解决方案窗口实时展示当前玩家在现实世界场景中摆放好的解决方案；指令卡窗口标明了本关中可供玩家使用的指令卡。

（二）关卡设置

《小世界》中内隐着 5 个知识点，分别是：算法、编程、调试、循环、分解。其中，5 个内隐知识点的导入顺序为：从指令到算法，到编程，到调试程序，到循环概念引入，最后是基于条件的分解。为了将知识点更有效地向玩家传达，《小世界》依照 5 个知识点，一共分为 5 个独立的场景，每一个场景对应 1 个知识点。单独的场景中，根据"最近发展区"，设置有循序渐进的关卡，具体内容，此处不再赘述。

第五章 如何设计"游戏化数字童书"
——构建自我世界的"游戏化数字童书"

本章内容将关注焦点放在学龄前儿童数字读物上，从阅读认知角度解释"游戏化"是儿童数字阅读发展的必然趋势，审视游戏对于少儿数字阅读的价值，以玩家语言思维培养为导向，结合实例分析并提出"游戏化数字童书"的设计策略。

20世纪末，国际儿童读物联盟预言："随着时代的历史演进，儿童读物的载体也不断变化，多媒体儿童读物势必要行销全球"，业界将这类经过数字化手段加工处理的多媒体儿童读物称为"数字童书"[①]。果不其然，出版业与互联网技术的融合催生了出版物与数字应用的融合，相关研究表明儿童故事型APP和交互式阅读应用将逐步成为未来儿童读物数字化出版的主要载体，在21世纪已成为儿童电子书的主要呈现形式之一[②]，其中可玩性和交互性是其存在并具有生命力的根本。相较于传统电子书，故事型APP和交互式阅读应用增加了游戏性设计元素，从根本上改变了儿童与阅读内容的互动方式，给小读者带来一种全新的游戏阅读体验，我们将此类数字读物统称为"游戏化数字童书"。从UCD产品设计理念分析，"游戏化数字童书"符合儿童用户的游戏天性、阅读偏好和阅读心理发展规律，具有市场前景和开发潜力，必将成为少儿数字出版内容的设计趋势。

基础教育研究领域已将可玩性作为学前儿童教辅产品的设计标准之一[③]，整个儿童阅读市场正在孕育一场游戏化设计变革。本书结合学前儿童的阅读

---

① 屏风石.国际儿童读物发展的新视点：来自第25届国际儿童读物联盟（IBBY）大会的信息 [J].出版参考，1996（20）：4-5.

② 张煜麟.儿童读物数字化出版的现状与未来趋势 [J].出版发行研究，2013（10）：15-18.

③ 郑磊.浅谈学前教育政策对教材出版的影响 [J].现代出版，2015（2）：36-37.

偏好和游戏设计模式构建学前童书的游戏化设计框架，主要从以下两个方面进行分析：阅读游戏交互设计策略和内容设计策略。前者是从形而下的角度，通过儿童阅读的游戏化习惯倾向，分析现有游戏在"游戏化阅读"方面存在的多层面情感体验设计问题，针对该问题，提出阅读游戏的多感官一体化设计策略；后者是从形而上的角度进入游戏内部，关注游戏的构成要素和功能游戏的教学设计，关注童书中对科学"儿童观"体现、建构读者自我认知，以及游戏化阅读产品对于玩家语言思维培养的设计思考。为了方便读者更好地理解，本章中所有研究样本均可从各大官方应用商店下载体验。

第一节　儿童阅读方式的游戏化发展趋势

随着媒介技术的不断发展，儿童读物的形式日新月异，从最初的纸本发展到电子书，再到如今的网页、应用和游戏等。儿童阅读载体首先经历了从纸本到"模拟纸本"的转变，这种仅局限于内容数字化的"模拟纸本"被称为"纸本延续"，此后"童书"载体逐步发展为游戏化互动应用。由于阅读载体和内容形式的不断变化，不同载体阶段的儿童阅读行为方式迥然有别，经历了从"线性阅读"到"游戏化阅读"的流变。

一、"线性阅读"方式

"线性阅读"是传统纸本阅读时期读者和内容之间的主要关系模式，如今的"模拟纸本"也是一种"纸本延续"，读者一般按照作者的写作思路进行顺序阅读，读者处于被动接受知识信息的地位，这种阅读方式称为"线性阅读"。从"文学活动四要素"角度分析"线性阅读"过程中的作者、作品、读者和世界的关系。作者将其观点和思想内化到文学作品创作中，通过纸本作品将内容和观点传递给读者。读者通过阅读文本获得相关信息，并与已有的知识进行加工分析，获得新的认识。读者的认知得到发展，进而指导读者认识世界和改造世界。这个过程中的四个元素以一种线性方式相互作用，是一种以作者为中心的单向传播方式，倾向于知识灌输，读者无法向作者反馈观点，说教味道浓重。

在内容表现形式上，这类电子类读物一般以文字配图的方式呈现故事内容。如图5-1所示，除了必要的系统按钮，如返回、暂停、上一页、下一页等系统控制按钮，并无其他作用于文本的点触交互区域。此外，相较于传统纸本读物，只是配以声音和彩色的静态图像，主要故事内容仍然以大段文字的方式呈现。虽然根据双重编码论的重要原则，同时以视觉形式和语言形式呈现信息能够增强记忆和识别，但我们需要考虑接受者的认知发展水平。大量的实证经验表明学前儿童的文字意识弱，面临识字和词汇储备问题，即使配以拼音也无法解决学前儿童词组解码和破译等问题。因此，现有的"游戏化阅读"产品中，不少阅读内容超出了学前儿童的认知能力，较高的阅读负荷和学习成本容易引起儿童的厌读情绪，压制孩子们的阅读兴趣。

线性化阅读完成了向读者传递知识和思想的任务，但这种阅读方式更加

图 5-1 "线性阅读"的内容呈现

适合成熟的读者。对学龄前读者而言，线性阅读在促使儿童社会化转变的同时也放逐了孩子们对可能世界的想象。然而，游戏是孩子的天性，儿童阅读也可以蕴含着游戏天性，是一种非功利的审美性阅读，它不仅是知识性的，更是体验性的①，所以"游戏化阅读"方式应运而生。

二、"游戏化阅读"方式

游戏是儿童的一种发展方式，通过游戏，儿童在认知、情感、社会性方面均可得到积极主动的发展②，因此，尊重学前儿童的游戏心理是提升孩子阅读体验和认知效果的关键。应运而生的"游戏化数字童书"恰到好处地遵循了这种理念，如铁皮人出品的《小刺猬的项链》和波尔克街出版社（Polk Street Press）出版的《晚安动物园》（*Goodnight Safari*）等，此类童书的下载量和覆盖率高，改变着孩子们的阅读行为，形成"游戏化阅读"方式。

（一）多层面的情感体验

相较于"模拟纸本"，"游戏化数字童书"增加了动画、声音（不仅仅是文字配音，还包括内容补充、环境配音和背景音乐等）、交互等多种内容呈现要素，为读者营造了作用于视觉、听觉和点触等多层面的立体阅读体验。

"游戏化数字童书"使用动画或可交互动图作为语言来呈现文本内容，降低了文字识别障碍的同时，更加生动地描述了故事发展和角色的动态变化，如《巨人和春天》中的场景"巨人救下孩子，带进屋里，发现叶子开始生长，孩子吃饱、身体温暖才让花开"，动画可以细腻地呈现出静态"模拟纸本"无法展示的"花开叶绿"的过程，或者以可交互动图的形式呈现叶子的小嫩芽或者花骨朵，引导玩家点击嫩芽触发叶子生长、点击花朵触发开花动画。

此外，"游戏化数字童书"增加了声音元素，画面中只出现较少的关键字或故事原型简要，给少量文字配上相应的语音旁白和音效，帮助读者提升

---

① 杜传坤. 儿童阅读：可能的世界与自我的建构［J］. 中国儿童文化，2011（5）：23-31.

② 秦喆，陈家麟. 对学龄初期儿童游戏的心理学再认识［J］. 苏州教育学院学报，2008，25（3）：119-121.

语感；配音中增加故事情节和其他细节内容，引导读者对图像以外的文字展开思考和想象。这种做法，一方面可以降低读者对大段文字阅读的认知压力，另一方面避免了儿童走马观花欣赏图片而造成后期文字学习障碍。

最后，"游戏化数字童书"能够对读者的手势和指令作出及时反馈，这种反馈不仅局限于"线性阅读"电子产品中的系统按钮，如暂停、返回或翻页功能，而是通过玩家操作作用于文本故事内容，提高读者在阅读生态中的主动性，是对小读者的一种回应和认同，也是"模拟纸本"产品无法实现的"对话方式"。总之，"游戏化数字童书"在呈现形式和交互手段上突破了"线性阅读"媒介的局限，从视觉、听觉、触觉等多层面提供"悦目悦耳"的感官体验，讲述"有声有色"的故事。

（二）构建自我的认知效果

从文艺心理学角度分析，儿童阅读是一个构建可能性世界的思维过程：通过知觉、操作接收读本信息，再通过想象、回忆等思维活动加工信息，形成对于世界和自我的认知。相比"线性阅读"，"游戏化阅读"方式整合了学习、交互、闯关等形式，从本质上改变了阅读对象的信息组织方式。读者不再处于被动接受知识的地位，可以主动融入故事情节中与作者一起创作。"线性阅读"的"数字童书"用文字讲述故事情节，图画作为故事背景；而"游戏化数字童书"以图片讲述故事情节，文字提出故事原型大纲，画外音和环境音交代故事背景。以《晚安动物园》为例，每一个页面呈现一句话，以不同游戏渐进机制推进故事发展，具体分析如下。

首先，如图5-2（a）所示，交代了阅读背景，也是游戏的故事背景"夜深了，动物宝贝们要睡前准备，你可以帮助他们吗？"（Night is falling in the savanna and the baby animals are getting ready to sleep, would you like to help?）；然后，如图5-2（b）所示，通过配音文字抛出游戏任务"小河马正泡在水里，可以帮助他洗澡吗？"（The speckled rhino floats in the cool water, can you help him take a bath?），并且用动图向玩家展示具体操作方式；玩家根据操作引导将小河马向水中拖拽，每冲刷一次小河马身上的泥渍就减淡一点；多次操作后，如图5-2（c）所示，画面给出反馈，小河马身上的泥渍变淡，直至完全被洗干净；故事中作者的文字、配音和画外音仅仅作为引导，是玩家阅读的辅助"鹰架"（scaffold）；情节进展需要读者完成关卡任务后才能继续进入下一个场景，如图 5-2（d）所示，最终小河马完全被洗干净了，右下角才出现了进入下一段故事的系统箭头。在整个阅读和创作故事的过程中，读者通过完成游戏任务进行了操作性学习，通过多种动物的反复睡前活动体验，最终构建了学前读者对睡前准备的认识。

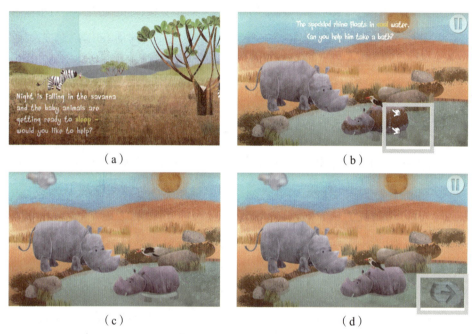

图 5-2 《晚安动物园》小河马洗澡场景

"游戏化阅读"方式实现了读者与文本的实时互动，提高了儿童对叙事的把控和参与度，这种共同创作的阅读方式比被动接受成品更能让读者体会深刻，培养儿童成为"自我认知世界的建造师"。让他们体验到构建自我的乐趣，激发阅读兴趣的同时，培养了孩子们的阅读思维、动手能力及观察能力。正如美国儿童电子书评选专家 Vicki Smith 所言，好的"数字童书"应具有：吸引人的好故事、具体可感的互动内容、有趣的互动效果等特性。[①] 也就是说，设计者应该站在读者的角度，从阅读体验和内容设计两个方面把握游戏化童书的创作。阅读体验主要基于多感官设计一体化的原则，总结童书阅

---

① SMITH V. The good, the bad, the unforgettable［M］. Leicester: Anchor Print Group Limited, 2013: 82-103.

读体验创造性和多维性的设计要点；内容设计包括童书内容选择应具有科学的儿童观，以及针对语言思维培养的童书游戏化教学设计。

第二节　阅读体验——多感官设计一体化

研究发现一些儿童尽管在智力测验中达到中等及以上水平，但仍然具有阅读障碍问题，这被称为"儿童阅读困难"，部分认知心理学家认为这种现象与阅读体验乏味息息相关①。的确，部分学前数字阅读产品的内容呈现方式单一，图文编排照搬纸本排版，缺乏新意，这类"数字童书"导致阅读体验较差，难以激发儿童的阅读兴趣。因此，在保证阅读认知效果的前提下，应该赋予文本形式以创造性和多维性，以"游戏化阅读"体验引领童书设计。

一、创造性

学龄前儿童处于"自我中心主义"阶段，不关心形象的客观写实程度，更倾向于主观表达，这种特殊的心理特征为"童书"角色设计提供了无限创意可能。以《颜色的战争》为例，爱娃·海勒（Eva Heller）在其中讲述了一个关于颜色的故事，故事的主人公和配角是各种颜色。作者创造性地将不同色彩的冷暖象征意义与人类的性格对应起来，不同色彩拥有不同的性格，如白色象征温文尔雅、黑色象征脾气暴躁。通过不同色彩间的"战争"展开情节，如图5-3所示，红色

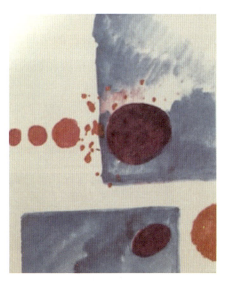

图 5-3 《颜色的战争》内页

① 周世江.国外认知心理学派儿童阅读心理研究近况［J］.中小学图书情报世界，2004（2）：63-64.

扎进精密内敛的蓝色中，角色的形状也透露着角色性格，红色用极不稳定的圆形，蓝色用极其稳定的方形，四周飞溅的颜料犹如汗水，表现红色调皮外向的性格和迅雷不及掩耳的动态，当红色离开时留下了一抹紫色，神秘中透着一点忧郁。作者借助引人入胜的故事情节进行联想迁移，同时也培养儿童对色彩的情感认知。

　　童书的创造性设计还体现在其页面排版上，主要体现在排版对节奏韵律的把握及其展现出来的秩序美。以经典故事《野兽国》为例，如图5-4所示，截取了《野兽国》的部分跨页，故事起初是一个室内的全景，主角麦克斯穿着自己的野兽家居服在家里和妈妈置气，但没办法只能上床睡觉；那天晚上麦克斯的房间长出了树，小主角狂喜，同时森林镜头的一波波海浪为麦克斯送来了帆船，麦克斯准备出发探险；此时画面的景别逐渐扩大，麦克斯漂流了很久来到了野兽国，此时的画面已经从房间的三分之一跨页发展到三分之二跨页，故事情绪开始积累；紧接着麦克斯的小船来到了幻想依旧的野兽国，除了底部文字，画面长度铺满整个跨页，麦克斯在野兽国称王称霸，并和野兽们一起狂欢，此时故事的情绪达到高潮，没有文字，画面铺满整个页面；狂欢以后，麦克斯坐船回航，画面大小对应着刚来野兽国时的尺寸逐渐缩小；直到最后回到自己的房间，一切平静下来，画面回到最初的三分之一。很明显，《野兽国》的排版和版式设计与故事情节的发展相辅相成，并且有内

图5-4 《野兽国》版面节奏设计

在的节奏安排，正如郝广才先生对这本童书剧情节奏感的经典分析，"起初画面随着故事进展越来越大，情节到达高潮时，连续几页满版；故事接近尾声，小男孩麦克斯回到房间，画面与故事开端对称式地逐页缩小"，根据故事情节的起承转合安排画面尺寸和构图景别，从而把控整部作品的叙事节奏。

二、多维性

根据认知学习理论，感官信息刺激经过大脑皮层感觉登记后被输送到工作记忆中进行加工，这一过程中个体需要从长时记忆中提取相关联的信息进行对比，多种形式的感官信息刺激输入为长时记忆的信息提取提供更加丰富的线索。因此，多感官刺激能够提升儿童对文本的理解程度和整合多通道信息的能力，同时多感官体验也符合媒体融合时代对阅读者的能力要求，因此，童书设计者可以尝试从视觉、听觉、触觉等多个维度呈现和传达文本内容，接下来从视觉、听觉和触觉三个方面进行案例分析。

设计者可以通过视点、运镜和细节等表现技巧提高童书的视觉表达水平：首先，运用多变的视点表达角色关系，使画面更具故事感，如《杰克和魔豆》（*Jack and the magic beans*），如图5-5所示，视角拉高后，三个角色同时出现在画布内，顶视图显得巨人更加彪悍，与弱小的杰克形成鲜明对比，金竖琴在两者中间担心而紧张，巧妙地交代了人物间的相互关系。其次，运用运镜将影视艺术中的镜头调度应用到绘本创作中引导读者的视线起伏，增加画面动感，如《索菲亚的梦》（*Sofia's Dream*），如图5-6所示，流动的星河配合角

图 5-5　《杰克和魔豆》

图 5-6 《索菲亚的梦》

色和场景调度使画面空间产生纵深感和流动感，表现索菲亚离开地球梦游星际的欢畅景象。最后，细微之处更见功力，如《奇幻森林》（*Jungle Book*），如图 5-7 所示，对于画面明暗关系表达和环境细节的处理，除了角色主次空间明暗关系描绘以外，对于背景环境的细节处理丰富而细腻，尤其是叶子的纹理、树枝的材质以及光影轮廓的刻画。

图像和文字是为记录言语而生的，离开了声音也许就离开了灵魂，所以声音对文学，尤其是对儿童文学格外重要。声音元素能够补充有限的阅读内容，"游戏化数字童书"一般有 3~4 类声音资源，包括背景音乐、角色对白、仿真音效和系统语音导航。以《奇幻森林》为例，如图 5-7（a）所示，主人公和凶猛的熊、猎豹一起玩耍时，配以轻松愉悦的背景音乐，故事更加欢快起来；当读者点击熊时，触发"吃樱桃"GIF 动画并伴随着"味道不错"（taste good）的角色对白。此外，仿真音效包含了其他动物的叫声和流水声等，在辅助画面营造森林环境沉浸感的同时，帮助读者了解到画面以外的树丛里还

（a）

（b）

图 5-7 《奇幻森林》

住着鹦鹉、猴子等其他动物，有限的画框传达了更加丰富的内容。

　　"游戏化数字童书"除了利用视听通道传达信息外，还整合了体感触觉通道的信息接收维度。研究表明，触觉刺激具有自动获取注意力和加深感性认知的独特能力。[①]以《爱宠动物园》（*Petting Zoo*）为例，读者与阅读对象的触觉交互方式除了单击以外，还包括多点触摸、滑动、长按等手势，如图5-8所示，儿童触摸兔子时，会看到顽皮的兔子根据操作的不同压感呈现出不同程度的变形，这种对手势作出的精准反馈能够提升儿童对力量的直观认知。此外，一些产品试图引入虚拟现实技术营造"仿生交互"体验，利用超声波阵列和基于学习的预测算法来感知形状和纹理，打造"空气"触感，也许不久以后读者便能真实体验"抚顺狮子的长毛"[②]了。

图 5-8 《爱宠动物园》

　　《晚安动物园》和《爱宠动物园》这类游戏的设计者比较注重阅读游戏的可玩性体验设计，虽然巧妙的关卡任务设计与故事情节十分贴切，玩家的游戏进度控制着故事的叙事进度，游戏关卡的渐进机制与叙事元素完美结合，提高了读者构建自我认知的主动性，区别于"线性阅读"的游戏化交互阅读方式，从视觉、听觉和触觉多个层面提高读者的情感体验。但是，从阅读思维培养的角度，游戏玩法的核心机制还需要从内容"儿童观"和教学设计的角度从长计议，首先分析学前儿童阅读思维的发展规律。

---

①　GELDARD F A. Some neglected possibilities of communication［J］. Science, 1960, 131(3413): 1583-1588.

②　丁毅. 交互式儿童电子书籍感官体验的营造［J］. 湖北函授大学学报，2016，29（5）: 128-129.

第三节　儿童语言思维发展规律

一、语言思维

语言思维是人类记住语言这种工具进行思维的一种心理现象。[①]从柏拉图到华生都认同语言和思维关系的"等同说"观点，即"语言是出声的思维，思维是无声的语言"。

建构主义理论家巴普洛夫基于条件反射理论提出了"第二信号系统"（语言系统）的设想：第一信号系统是行为主义实证研究的成果，是指动物作出条件反射的直接信号控制系统，也就是感知信号系统。例如，为饥饿的猎犬提供一颗放置在笼子外的狮子头，猎犬会分泌唾液，这是一种无条件反射；此后在放置狮子头之前出现一段固定的节拍器声音，进行多次试验后，饥饿的猎犬只要听到节拍器的声音便会分泌唾液，这时便形成了条件"刺激—反应"的信号系统。

将这种行为主义观点推广至个体认知学习，也就是说个体学习认知的过程也就是对环境刺激作出反应，并最终形成固定的"刺激—反应"联结的过程，例如，没有学习过"红灯停绿灯行"的孩子，通过多次过马路尝试，逐渐对环境信息红灯形成停止的行为反应，对环境信息绿灯形成前进的行为反应，此时这个孩子便学会了"红灯停绿灯行"的知识。但是，巴普洛夫发现人类的条件反射不同于动物，他提出了第一信号系统（感知系统）和第二信号系统（语言系统）的设想。他认为人类相比动物拥有语言和思维能力，其反射信号系统的差异在于第二信号系统，即语言信号系统，后来的研究者证实了巴普洛夫的观点。正如"红灯停绿灯行"这个例子，大部分孩子并不是通过类似猎犬和节拍器那样多次的信息"刺激—反应"的多次尝试获得，而是通过教师或家长的语言系统一次性传达获得。

[①]　王小潞，李恒威，唐孝威.语言思维与非语言思维［J］.浙江大学学报（人文社会科学版），2006（3）：29-36.

二、外部言语、自我言语和内部言语

外部言语（也称他人言语）是指客观环境的语言系统；自我言语是指个体出现自言自语的情况，但并不用于社会交流，而是进行思维辅助；内部言语也是一种言语现象，但不同于外部言语（或有声思维），它不用于社会交流，却具有自我调节的功能[①]。

维果茨基（Lev Vygotsky）发现随着语言能力的发展，个体能够在不受发音、语法限制的基础上理解他人说话的意义，并提出了建构主义观点，"内部言语通过对行为的组织来帮助思维的发展"。也就是说，儿童通过语言交流能够内化词句的意义，形成语言思维，提高语言理解能力，并使用其指导自己的行为。因此，我们的阅读游戏内容设计的目的是通过玩家与游戏"对话"，尝试将基于游戏载体的言语表达渐隐到内部（无声）水平，也就是将外部言语（有声思维）内化为内部言语（无声思维），这一过程完全符合鲁利亚（Alexander Romanovich Luria）的儿童信号系统转变理论。

苏联心理学家鲁利亚的儿童信号系统转变理论认为，在对操作运动进行语言控制的发展过程中存在三个阶段：1.5~2.5周岁，他人言语或外部言语直接控制孩子行为；2~4周岁，儿童自我言语激活操作运动，但还不能抑制其行为；直到4.5~5.5周岁，儿童内部言语开始能激活、引导和抑制运动行为。这一发展规律为阅读游戏的渐进机制提供了参考，也就是说我们的学前阅读游戏，首先需要引导玩家通过游戏提供的外部言语形成自我言语，然后培养玩家将自我言语内化为内部言语以指导后续关卡的阅读活动。由此，阅读游戏的教学设计渐进机制基本按照外部言语—自我言语—内部言语的规律安排：前置场景是外部言语向自我言语的转换，可玩性辅助叙事性，以接受游戏信息（外部言语）为主，阅读过程中的可玩性设计以教学关卡的系统提示方式引导玩家完成，但游戏过程中随着关卡的推进，系统提示的"鹰架"作用逐渐减弱由玩家的自我言语代替；后置场景是自我言语向内部言语的转换，自我言语其实是外部言语（客观知识）用于解决游戏问题的实践，通过多个关

---

① 申克.学习理论［M］.韦小满，等译.南京：江苏教育出版社，2003：240.

卡的反复操作，便逐渐形成内部言语。当然，这只是从游戏玩法引导的角度解释渐进机制的设计，接下来将详细分析阅读思维本身从外部言语到自我言语再到内部言语的教学设计过程。

三、语言思维获取的内在机制

信息加工理论的观点认为语言思维的获取过程的实质是语言理解，也就是对长时记忆中信息储存和提取的应用，包括三个主要步骤：感知（perception）、解析（parsing）、使用（utilization），具体分析如下。

（一）感知

感知是对语言输出的注意与识别，分别对应信息加工理论的信息接收、感觉登记和工作记忆的对比加工环节，也就是个体通过眼睛、耳朵等感官获取客观环境中的语言信息，这些信息刺激将被输送到视觉皮层或听觉皮层进行感觉登记，此时初步调用长时记忆中拥有的信息，如果信息能够产生相关联系便被感觉登记；随后，这些信息被快速转移到工作记忆中进行加工，在语言理解中，声音模式是在工作记忆中转换为词语。

（二）解析

解析也就是通过调取长时记忆中的相关信息，与工作记忆中转换的词语进行对比和加工，把声音模式分解为意义单元，从而完成对信息的识别。具体的识别过程通过图式理论进行解释：个体大脑中存在已有的语言结构原型表征，对新接收的语言进行解析需要知识和推理；此时，个体便从长时记忆中提取与新接收的信息存在线索关联的已有信息，这些信息以预设网络形式存在，这种网络结构被组织为有层次结构的图式。举个例子，当一个认识"鸟"字，不认识"乌"字的孩子，第一次看到"乌云"二字；根据个体已有的认知图式中存在的"鸟"字的信息，这个孩子很可能会将"乌云"念成"鸟云"；直到他发现"乌"字与"鸟"字相比少了一点，此时个体的认知图式失衡；个体向外界获取"乌"字的知识，并将其与"鸟"字进行对比，加工以后建立与原有认知图式中信息的联系，并将"乌"字存入长时记忆中，以方便今后调用。这是图式理论在识字中的运用，图式理论也可以用来解释思维培养。

大量的实证研究发现，人们可以用表象去获得抽象的东西，虽然个体如何通过表象去思考抽象，是否用了表象还不清楚，但一些研究者提出可能用类比命题来表征抽象的东西。如比较两国强大的命题可以用两国的经济实力来类比，经济实力可以用高楼大厦的城市图片来类比。这个过程也就是通过信息刺激（高楼的图片）形成知识（国力比较）再形成思维图式（如何通过事实推导规律）的过程。

接下来我们尝试用图式理论解释阅读思维的培养和阅读能力的提高。阅读理解文本的过程体现了记忆中的图式应用。所有故事都有一个原型图式，包括地点、时间、任务、发展和经过等要素。当听故事时，个体从长时记忆中提取这个故事的原型图式，并将所听到的新的故事信息对应原型图式进行对比和联系，一旦相似元素激活了已有图式，个体便能够运用已有图式理解故事。当某些故事信息无法通过图式理解时，认知平衡被打破，个体将寻找线索将其他信息与原有的原型图式连接，扩展和修正原有的原型图式，提高阅读和理解能力。

所以在学前阅读游戏设计过程中，考虑到玩家的阅读水平有限，故事原型图式较为简单，甚至还未形成。我们可以根据原型故事模型从极简故事开始，然后引导玩家作为故事创作者逐渐增加元素和丰富故事细节，将信息整合和阅读图式发展过程以内隐操作的学习方式传递给玩家。

（三）使用

使用是指个体对经过解析的心理表象的处理，如果是一项学习任务就存入长时记忆；如果是一个问题就给出解答；如果有不懂的地方就提出问题等。对于语言思维的培养，使用也就是人们对接收到的语言交流信息做了什么。已有研究表明，主要是对三种信息进行编码——言语行为（speech behavior）、命题内容（Propositional content）和主题性内容（thematic content）。言语行为是讲话者发起交流活动的目的，命题内容是那些可以判断对错的信息，主题性内容是讲话者发起言语活动的背景情境。[①] 举个例子，个体在处理"司马

---

① 申克.学习理论［M］.韦小满，等译.南京：江苏教育出版社，2003：198.

懿在大魏曹芳时期的职位是什么？"这句话，首先分析其言语行为是一个寻找答案的请求，以"什么？"为标志；命题内容是司马懿在"曹芳时期"的职位，在长时记忆中表征为命题联结——司马懿—太傅—大魏曹芳；主题性内容是提问者假设听者已经知道的司马懿的生活时代背景，即后三国时期。

第四节　游戏内容设计

"游戏化数字童书"的内容设计主要从两个方面考虑，语言思维的获取机制和学前儿童的语言思维发展规律。个体获取语言思维的主要环节包括感知、解析和使用，其中解析是语言思维形成的主要环节，也是阅读游戏核心机制的设计依据。另外，学前儿童的语言思维发展规律是游戏渐进机制的设计依据，经历了从外部言语到自我言语再到内部言语的发展过程。然而，阅读教育容易被当作儿童社会化成长的手段，向读者单向灌输观点和知识，忽略儿童本然。设计者应该尊重儿童阅读心理发展规律，以科学的儿童观创作游戏童书。

一、科学的"儿童观"

童书创作只有建构在对儿童自身认知的基础上，才能对文本内容进行合理推断，完成一个"构造过程"[①]。很多创作者习惯用成人的"语言逻辑"式思考，虽然思维速度快，但容易遗漏很多细节。况且，学前儿童的语言逻辑发展尚未成熟，其思维发展处于习惯性视觉具象思维。所以设计者可以多采用"视觉想象"式思考，使内容层次和细节更加丰富，小读者更易接受。

另外，一些创作者轻率地认为孩子们无法解读故事中深刻的寓意，然而并非如此。其实很多优秀的儿童读物都在讨论一些"永恒的话题"，例如《人鱼公主》中为了爱情是否可以牺牲，《农夫与蛇》中一味的善良是否可取。将

---

① 戴雪红.基于认知阅读的儿童绘本设计［J］.包装工程，2016，37（2）：150-154.

这些深刻的道理包含在浪漫的故事里，就像在孩子们心中埋下深意的种子，也许某天会开花、结果，长成一片森林。所以，设计者们端正儿童观，以平等的心态与孩子交流，是做好儿童读物最基本的要求。

在确立科学儿童观的基础上进行童书的游戏化设计探索，主要从关卡机制设计和场景渐进机制设计两个方面将教学设计融入游戏可玩性设计中。

二、"游戏化数字童书"关卡机制设计

"数字童书"以游戏化方式呈现的显著特征是叙事元素从框架性地位到服务于可玩性设计的工具地位；同时，"游戏化数字童书"设计相较于一般童书应用设计，其突出因素是游戏的叙事设计。

在短暂的游戏学研究史上，叙事派一直占有一席之位，认为叙事学框架完全可以作为游戏的研究范式，甚至在最甚时期引起了游戏研究的文化殖民，其中以电影学为例，甚至有人认为，由于电影被用来作为游戏分析框架，所以电影是一种高度特权的媒介。这一看法受到随后以本体研究为导向的学者的强烈反对，他们温和地提出游戏可以看作"让玩家玩的故事"，也就是说承认游戏是一种表意媒介，但其核心是"玩"。由此，在游戏设计领域，影响了叙事元素设计和可玩性设计，叙事元素逐渐退化为可玩性设计的一种手段。本章研究的"游戏化数字童书"设计，其游戏内容是围绕童书阅读设计的，叙事元素设计尤为突出，但以游戏的形式呈现，其叙事元素仍然服从于可玩性设计，具体分析如下。

（一）叙事元素与可玩性设计

游戏的核心机制决定游戏关卡的主要玩法，也决定了基于游戏可玩性的叙事因素设计。设计游戏叙事元素时，单一叙事，如RPG，叙事与玩法割裂，这种游戏设计的叙事意义不大，建议以多叉树的形式。此外，如果游戏的核心玩法是"玩故事"，那么多结局的纯故事性游戏更容易引起玩家的兴趣，如《时间线》（*Timeline*），这是一款特别典型的、与叙事相关的独立游戏，设计师精心设计了多叉树的每一条故事线，因此玩家的每一个选择都具有跌宕起伏的故事结局。

虽然游戏的叙事不一定需要一个叙事框架，但对于"游戏化数字童书"

而言，游戏的叙事因素格外重要。但作为一款游戏，而非阅读应用，我们应该将叙事元素的设计融入可玩性结构之中。也就是说，叙事元素可以作为推动玩家探索和完成下一步挑战的欲望的手段，叙事是融合在游戏性、可玩性中的一个手段。因此，尽管叙事元素在阅读游戏中的地位举重若轻，但是之所以称之为游戏，那么可玩性仍然是第一位的。某些特殊的游戏，如《勇敢的心：世界大战》，看似这款游戏的可玩性服务于叙事设计，关卡任务完成故事推进，但是关卡的玩法设计、地形设计与故事结合得很紧。叙事作为游戏的叙事与传统的故事、电影等媒介形式的叙事方式不同。游戏的叙事是打碎在玩法机制中的故事，伴随着玩家的交互过程而叙事，所以游戏的叙事必须与可玩性绑定设计。游戏中的叙事元素就不同于传统叙事媒介中的框架性地位，它是将叙事融于可玩性设计结构中，是游戏机制塑造的框架的重要构成要素。厘清了叙事元素在阅读游戏可玩性设计中的相对位置后，基于游戏设计"核心图"，分析每层要素的设计原则。

（二）关卡机制设计

以游戏的方式呈现阅读内容，设计者首先需要将科学的"儿童观"纳入游戏设计框架，然后将语言思维获取的内在机制和发展规律融入游戏设计框架中。根据Charmie Kim总结提出的"核心图"模型，见图5-9（a），游戏结构由里及外分别为核心机制、次级规则、角色场景和世界观，接下来基于科学"儿童观"分析每层元素的设计原则，见图5-9（b）。

游戏化学习过程中，如果以游戏关卡为主要教辅工具，那么进行最多的操作性学习行为就是核心玩法，也就是该游戏的核心机制。因此，我们需要将知识的内在机理和游戏的核心机制相结合，而不是单纯地为所学内容披上游戏的"外衣"。

次级规则主要用于引导玩家按照一定的约束完成游戏任务，也就是游戏目的。儿童"游戏化阅读"的根本目的在于理解，强调结合已有知识储备或故事原型图式建立内部心理表征，并进而获取意义、提高玩家的语言理解能力。一本好书未必能回答孩子的疑问，但它能提供一个体会的过程，让孩子学会打开情感的出口和入口。因此，在设计次级规则时应该以获取意义为主要目的，而

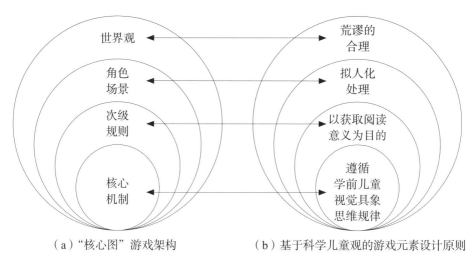

（a）"核心图"游戏架构　　　　（b）基于科学儿童观的游戏元素设计原则

图 5-9　游戏化童书设计模型

不是通过重复机械记忆灌输知识，更非一味地追求浅表化的教育目标或过度娱乐的游戏体验。当然，对于童书游戏化设计的次级规则，设计者还需要基于读者的语言思维认知发展规律进行思考，具体原则将在下节分析。

　　游戏角色场景是内容与读者交互的界面，儿童绘画心理学研究表明学龄前儿童并不关注对象的"写实主义"的描画，他们认为"万物有灵"。因此，创作者可以将角色、道具等元素拟人化处理，赋予情感和生命。世界观一般指游戏故事的时空背景，可以尝试跳脱出成人的思维方式，在幻想和现实之间保证"荒谬"的合理性。

　　综上，结合儿童阅读心理特征分析形成"游戏化数字童书"内容设计模型，见图5-9，在遵循学前儿童视觉具象思维规律的基础上，以获取阅读意义为目的，拟人化游戏角色、道具和场景，引导孩子们徜徉在虚实共生的游戏阅读时空里。

（三）核心玩法设计

　　上文已经从儿童观层面上分析了核心玩法的设计原则是遵循学前儿童视觉具象思维规律。由于核心玩法是游戏化学习过程中的核心操作行为，是教学设计的核心要素，我们还需要从思维认知内在机理的角度完善核心玩法的设计原则。

　　根据阅读认知的内在机理可知，阅读理解是一个不断优化和修正原型图式的过程。最初的原型图式是一个字或词语，那么识字是复杂编码的基础，是思维解决、词汇理解和句子理解中的语义分析的支撑。从信息论的角度分析汉字认知加工过程：文字识别、记忆信息提取、语音（字形）编码、键盘空间位置匹配、汉字模式匹配和认知监控等一系列认知加工活动。对于学前儿童而言，汉字识别是一项学习成本较高的认知活动，而且大部分儿童在识字之前已经拥有了语言能力，并从外部言语逐步发展为自我言语和内部言语。因此，从游戏可玩性和教学设计目的角度，我们的研究对象并非汉字认知，而是语义理解，以及基于阅读理解的语言思维的培养。

"游戏化数字童书"的叙事元素主要通过游戏内容"阅读"体现："游戏化数字童书"的核心玩法其实是"阅读"，但是作为游戏，玩家需要将"阅读"过程内隐到游戏的可玩性设计中，也就是将个体语言思维获取的核心环节（感知—解析—使用）与游戏关卡"核心图"的相关设计相对应。

上文已经分析了语言思维获取的解析是基于个体长时存储中的叙事原型图式将新接收的语言信息或故事元素与已有的原型图式进行初步对比：如果存在相关线索，个体便从长时记忆中提取与新接收的信息存在线索关联的已有信息，这些信息以预设网络的形式存在，这种网络结构被组织为有层次结构的图式；如果个体从原有图式中获得对新信息的认识，那么巩固了原有认知；如果发现原有图式无法解释或者无法完全解释，此时便出现了认知失衡，那么个体将基于原有图式，寻找联系对信息进行加工、扩展，并存入原型图式中。通过反复的图式修正和丰富过程，个体的阅读理解能力得到提高，语言思维得到发展。如图5-10所示，故事原型图式加工机制对应游戏的核心玩法，所有关卡的阅读过程都要经过感觉登记、对比加工和修正故事原型图式的认知发展环节。

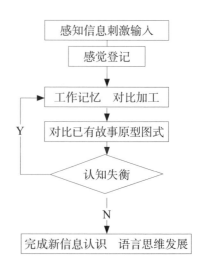

图5-10 故事原型图式加工机制

三、渐进机制设计

阅读游戏渐进机制基于学前儿童的语言思维发展规律进行设计，前文已经分析了学前儿童的语言发展规律是从外部言语到自我言语，再到内部言语的过程，其中外部言语控制儿童的行为，自我言语引导儿童行为，内部言语规范儿童行为，也就是儿童的语言思维。

基于条件反射理论，个体通过语言控制行为对客观信息刺激作出反应，这个过程便是思维认知发展的过程，所以我们将游戏关卡按照玩家认知发展进程分为三个场景：第一个游戏场景负责外部言语向自我言语过渡的"游戏化阅读"过程；第二个游戏场景负责自我言语向内部言语过渡的游戏化学习阶段；第三个游戏场景负责内部言语引导或抑制玩家游戏操作行为的阶段。

基于学前语言系统发展规律为阅读游戏的渐进机制设计提供了参考，游戏设计者可以将第一个游戏场景设计的阅读信息刺激从系统提供逐步转化为玩家产生，也就是前置关卡中系统引导玩家进行游戏操作，并引导玩家重复系统的指令；后置关卡中系统引导逐步弱化，此时玩家的自我言语将自然而然地取代系统指令，经过多个关卡反复操作后，自我言语控制系统逐步完善。

第二个游戏场景旨在培养玩家将自我言语内化为内部言语或语言思维，并通过原型图式存入长时记忆中，以指导后续关卡的阅读活动。基于知识思维培养理论，个体在运用知识解决问题的过程中便可获得该知识体系的思维方法。同理，自我言语其实是外部言语（客观知识）用于解决游戏问题的实践，通过多个关卡的反复操作，便逐渐形成内部言语。当然，这只是从游戏玩法引导的角度解释渐进机制的设计，接下来将详细分析阅读思维本身从外部言语到自我言语再到内部言语的教学设计过程。

游戏渐进机制是游戏关卡进展的内在动力，是推动玩家进行下一步挑战的手段。对于关卡制的游戏化童书，每一个故事都是一个挑战，读懂一个故事就会得到提升，每个关卡故事的难度比自我认知的水平高一点，可以通过"鹰架"读懂，也就是符合儿童"最近发展区"规律的同时尽可能挖掘"最近发展区"的潜力。

第五节 "游戏化数字童书"的设计框架

通过案例分析从形式和内容两方面阐述"游戏化阅读"和传统"线性阅读"的区别，主要在于多层面的阅读体验和建构自我的认知效果。基于此，从创造性和多维性两个方面提出了改善学前"数字童书"阅读体验的设计原则，即游戏形式设计的多感官设计一体化。接下来，基于学前儿童的语言思维获得内在机制和发展规律，设计游戏内容的关卡核心玩法机制和渐进机制。对于关卡核心机制，主要结合个体的语言思维认知过程，玩家通过感知游戏系统的语言信息刺激，进行感觉登记；再将信息传递至工作记忆（或短时记忆），与长时记忆（或前置游戏关卡）中的故事信息线索或图式命题框架进行对比、加工和联系，与长时记忆中的故事原型图式产生联系后，将新的信息与命题的方式存入长时记忆；最后，在关卡核心机制设计基础上，根据学前玩家语言系统和语言思维发展规律提出关卡发展的渐进机制。

综上，形成了指向语言思维培养的学前"游戏化数字童书"设计框架，也可作为学前阅读游戏设计参考。如图5-11所示，关卡设计基于"核心图"模式，结合学前儿童的阅读习惯特征和语言思维发展规律，分别从核心玩法、次级规则、角色场景和世界观四个方面提出学前功能游戏设计原则：核心玩

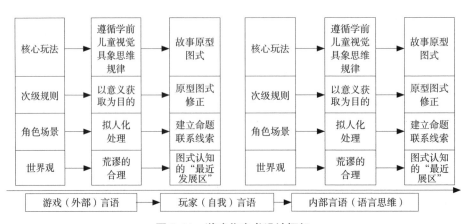

图5-11 游戏化童书设计框架

法需要遵循学前儿童视觉具象思维规律，以故事原型图式为基础设计；次级规则以意义获取为目的，从而达到原型图式修正的认知结果；角色场景作为新接受的信息刺激与长时记忆中的命题间的相似元素，经过拟人化处理后，与长时记忆中的信息命题建立联系；考虑到学前读者"万物有灵"的认知特点，游戏世界观可以进行"荒谬化"处理，并且为挖掘图式认知的"最近发展区"提供合理依据。

　　"游戏化数字童书"连接着文字内涵和读者的内在思考，本章从阅读体验和内容设定两个方面分析了游戏化设计策略，希望为相关研究者和从业者提供借鉴与思考。

第六章 如何设计儿童数学游戏

——基于多元表征思维的数学游戏

数学教育的根本目的是培养学生的数学思维，提升解决实际问题的能力。具象表征作为一种帮助儿童理解数学逻辑的认知工具，应该巧妙地运用于游戏设计中。本章分析了当前儿童数学游戏设计忽视数学思维培养的问题及其原因，以儿童思维认知发展特点为基础，结合"核心图"游戏模型和多元表征理论，提出利于儿童数学思维发展的游戏设计模型，并从核心机制、规则、道具、角色等几个方面设计了数学思维启蒙游戏的实例。

数学是一门高度抽象的学科，不如音乐那般生动，也不似美术那般具体，对于认知发展水平有限的儿童来说，数学显得格外单调乏味和难以理解。儿童处于直观形象思维向抽象思维的过渡阶段，也是数学概念初步形成的关键期。研究发现："儿童早期数学认知发展表现出相当稳定性，不少儿童的数学困难显然早在幼年甚至3岁前就已开始出现，但他们并未得到应有的关注和帮助。"① 数学游戏作为一种直观的感性材料，将数学呈现为儿童容易接受的"教育形态"，在儿童的具体形象思维与抽象概念的数学思维之间架起一座桥梁，避免了儿童时期的负面经历，从学前期就开始影响他们对数学的学习兴趣、态度和能力。然而，目前儿童数学游戏产品质量良莠不齐，部分游戏产品品质较低。

儿童数学游戏相关的研究主要集中在四个方面：一是游戏对于数学教育

---

① JORDAN N C, KAPLAN D, RAMINENI C, et al. Early math matters: kindergarten number competence and later mathematics outcomes [J].Developmental psychology, 2009(3): 850-867.

的意义与反思，如"利用数字化游戏提高数学理解力研究"①；二是相关技术在儿童数学游戏开发中的运用，如"基于安卓（Android）平台的数学教育游戏设计与开发等"②；三是儿童数学游戏相关的理论研究，主要包括儿童认知发展理论、游戏化学习理论等；四是儿童数学游戏本体设计，但多数研究游离于游戏设计情境、角色、道具、故事背景等外部机制，并未触及游戏核心机制和规则。此外，值得一提的是美国"基于认知发展的数学教育"项目③，它是当前国际上颇具影响力的促进项目，以儿童数学认知发展的概念体系为切入点进行儿童数学教育研究，也就是提倡将儿童认知发展规律研究与数学教育相结合，该观点受到数学教育领域研究者的认同。本章针对3~9周岁年龄段儿童设计数字化数学游戏，尤其指移动互联网兴起后的移动端儿童数学游戏，探索符合儿童认知发展规律的数字化游戏设计模式和方法。为了方便读者更好地理解，本章中提到的所有研究样本和游戏实例都可以从苹果官方应用商店中下载体验。

第一节　现有儿童数学游戏存在问题及原因分析

我国儿童数学游戏呈现"小学化"特点，儿童认知规律没有得到充分尊重。具体存在以下问题：

一、忽略儿童数学思维认知发展规律

英国的帕梅拉·利贝克提出"儿童学习数学的过程经历了体验、语言、图画、符号四个阶段，儿童的数学思维也伴随着这四个阶段从具象到抽象循

---

① 邢雯瑾.数字化游戏帮助学生提高数学理解力的研究［D］.上海：上海师范大学，2013：1-44.

② 王静.基于Android平台的数学教育游戏设计与开发研究：以小学数学一年级上册为例［D］.成都：四川师范大学，2013：1-59.

③ 夏婧，庞丽娟，韩小雨.美国"基于认知发展的数学教育"项目简介及其启示［J］.学前教育研究，2009（4）：45-65.

序渐进地发展"①。然而，目前大部分儿童数学游戏忽略了这一儿童认知学习规律，譬如《乐乐的数学》《小兔子学数数》等，这些游戏通过简单的交互动画引导儿童学习数数，在游戏GUI设计和配音方面考虑了儿童的审美需求，使用高饱和度、高明度的配色和欢快的配乐，在游戏娱乐性方面尚可。但在教育性方面，游戏直接跳过体验、图画等阶段，让儿童学习数数，违背了上述儿童数学思维发展规律。

二、数学知识原理并未与游戏机制真正融合

部分游戏开发商缺乏对数学原理和儿童思维的深入研究，将玩家看成被动接受知识的容器，为儿童提供现成的数学结论或模型，让其进行记忆和反复练习，其中不乏一些下载量较高的游戏，如《乘法达人》《宝宝学数字》等。《乘法达人》是一款记忆乘法口诀的游戏，但它只是简单地让孩子通过反复记忆来死记硬背，并没有引导儿童发现并理解"口诀"背后的乘法原理。此类游戏倾向于"将数学知识生硬地塞入成熟的娱乐游戏框架中"②，虽然保证了教育游戏在表现形式上的娱乐性，但游戏核心机制设计并未和数学核心思想结合，游戏教学设计处于一种"知其然而不知其所以然"的状态，无法让玩家了解数学知识背后蕴含的原理。此外，一味死记硬背会打击儿童学习数学的兴趣，阻碍其数学思维的发展。

三、家长认知误导

研究者对幼儿数学知识和能力述评的测查结果表明："学前末期儿童已经较好地具备了小学初期数学知识，但学前儿童学习数学的思维能力发展明显不足。"③一些家长甚至老师并没有认识到了解数学原理和方法对儿童思维发展的重要性，认为孩子可以提高做题速度和正确率即可，为儿童买单大量"出

---

① 利贝克.儿童怎样学习数学：父母和教师指南[M].方未之，译.北京：人民教育出版社，1986：4-222.

② 夏婧，庞丽娟，韩小雨.美国"基于认知发展的数学教育"项目简介及其启示[J].学前教育研究，2009（4）：45-65.

③ 林嘉绥.幼儿数学入学准备调查报告[J].学前教育研究，2000（2）：32-33.

题机"数学游戏，如此周而复始、循环往复。

根据以上三点分析可知，儿童数学游戏产生问题的根源在于部分游戏开发商和家长忽略了儿童认知发展规律以及对儿童数学思维的培养。然而，数学教育是思维活动的教育，数学教学的最终目标是"学会数学的思维，发展学生的思维能力与解决问题的能力"[①]。因此，数学游戏设计应该结合儿童的数学认知发展特点，培养儿童数学思维，而非单纯提高其解题技巧。

第二节　儿童数学认知发展特点

3~9周岁的儿童处于数学概念初步形成发展的关键期，也是直观形象思维向抽象逻辑思维的过渡阶段。此年龄段儿童数学认知的具体特征如下：

一、学龄前儿童——象征性思维为主

研究表明："学龄前儿童（3~6周岁）的思维具有感性、具象性等特点，这一时期的儿童并不能进行真正的逻辑思维。"[②] 3~4周岁的幼儿主要依靠头脑中的表象和对具体实物的联想展开思维；5~6周岁儿童的形象思维占主导地位，但已经初步出现抽象逻辑思维。因此，"学龄前儿童的数学认知主要表现为数学意识的感性具象的形式，理性逻辑的形式较弱"[③]。

二、小学低年级儿童——初具逻辑性

小学低年级儿童（7~9周岁）的数学认知水平处于皮亚杰提出的"具体运

---

①　丁玮，孙名符.对20世纪以来美国中学数学教育目标变迁的再思考［J］.数学教育学报，2007（2）：82-86.

②　白丽芳.儿童隐喻性思维的特点及其发展［J］.外语与外语教学，2004（4）：53-57.

③　陈婷，仲秀英.彰显数学意识：幼儿数学教学的诉求［J］.学前教育研究，2007（3）：30-33.

算阶段"，儿童认识到客体尽管在外形上发生变化，但其特有的属性不变。此阶段的儿童已经可以进行一定程度的逻辑推理，但需要借助具体形象或实际经验的支持。如在理解"相遇问题"时，需要借助"两辆汽车相遇"的具体场景。因此，低年级儿童的思维特征倾向于具体、直觉地理解抽象关系，需要借助具体形象感知理解抽象关系。

由此可见，3~9周岁儿童的数学思维都具有很大成分的具体形象性，区别在于不同年龄段的儿童对于具体形象的依赖程度有所差异："学龄前儿童完全依赖具体表象展开数学逻辑思维；小学低年级儿童开始摆脱了具象的束缚获得逻辑性，但此年龄段的儿童并未掌握抽象的逻辑思维结构，其逻辑性依然依赖于具体经验。"[①]因此，本章根据儿童无法脱离具体形象理解抽象的数学概念这一认知特点，结合"核心图"模型和多元表征理论，尝试建构儿童数学游戏设计模型。

第三节　儿童数学游戏设计模型

一、"核心图"结构模型

"核心图"是由独立游戏开发者Charmie Kim总结提出的游戏结构模型，如图6-1（a）所示，设计流程由里及外：核心机制，是游戏的核心框架，也是游戏中学习次数最频繁的操作；"游戏规则、设计配乐、故事背景等次级机制围绕核心层层相裹"［图6-1（a）］。以游戏《愤怒的小鸟》为例，如图6-1（b）所示：该游戏的核心机制是"弹射"，也是玩家使用频率最高的操作；游戏规则是"在规定次数内除掉小猪"；道具功能是"各类小鸟的攻击方式相异，不同小猪的防御力不同"；GUI设计主要包括角色（小猪、小鸟）、道具、场景等；故事背景是小猪偷鸟蛋，小鸟复仇。

---

① 王光荣.发展心理学研究的两种范式：皮亚杰与维果茨基认知发展理论比较［J］.华中师范大学学报（人文社会科学版），2014，53（5）：164-169.

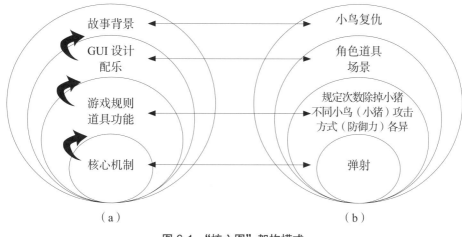

图 6-1　"核心图"架构模式

二、多元表征

（一）表征与多元表征

表征，心理学解释为"将一种事、物、想法或知识重新表示出来，因此存在一个'表征'实体，也必定存在一个'被表征'实体，两个实体之间存在一种映射关系"[①]。表征分为外部表征和内部表征：外部表征包括叙事性表征（抽象符号）和描绘性表征（具体图像），外部表征可以转译成内部表征；内部表征指学习者头脑中无法直接观察的心理表征[②]。数学学习中，表征是指培养儿童能运用表征的手段来表达数学的概念、解决问题和解释数学现象。

多元表征指一个数学对象可以有多重表征形式，如布鲁纳提出"从思维发展的角度将数学表征分为扮演形式的活动性表征、肖像形式的图像学表征和符号形式的符号性表征"[③]。

（二）儿童数学游戏中的多元表征

数学游戏中的多元表征符号本质上是学习对象，数量符号、算术符号、

---

①　唐剑岚.国外关于数学学习中多元外在表征的研究述评［J］.数学教育学报，2008，17（1）：30-34.

②　黄瑾.论学前儿童数学学习中的多元表征［J］.全球教育展望，2011，40（1）：60-63.

③　黄瑾.论学前儿童数学学习中的多元表征［J］.全球教育展望，2011，40（1）：60-63.

运算步骤等抽象元素，属于叙事性表征；游戏形象、道具和游戏操作等具象元素属于描绘性表征。这些表征符号与其被表征的数学知识之间具有一定的关联性，学习者的任务就是在这些外部表征和内部抽象表征系统之间建立必要的映射，并从游戏操作过程中抽象出数学系统。我们将这个学习过程称为"表征的概念化"，"游戏形象和数学符号间形成映射、游戏操作与运算过程间形成类比，引导学习者抽象出内部数学逻辑思想"[①]。

笔者将儿童通过游戏表征学习数学系统的过程称为"表征概念化"，也就是将外部游戏表征系统概念化、抽象成为内部数学思维系统，详细流程如图6-2所示，首先，根据儿童具象化思维特征，建立与叙事性表征符号（抽象数学符号）具有映射关系的描绘性表征符号（具象游戏形象），设计与数学运算原理具有类比、映射关系的游戏规则和机制；然后，引导儿童按照该规则、步骤控制游戏形象，逐步建立游戏操作模式；最后，儿童通过反复感知、操作游戏规则的行为产生"直觉唤醒"，将外部表征系统转换、转译成内部表征系统（运算原理和逻辑思想）。如此，完成整个"表征概念化"游戏学习过程。由此可见，多元描绘性表征系统能够帮助儿童从多元具体形式中抽象出数学问题的内在结构和原理，并转译成内部数学符号系统，从而开发儿童数

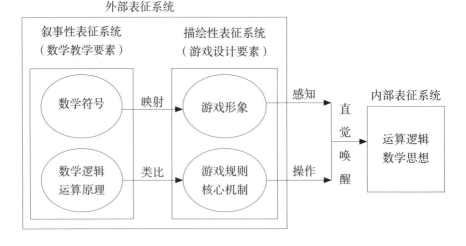

图6-2　儿童理解数学概念过程中外部表征与内部表征关系图（表征概念化）

① PAPE S J, TCHOSHANOV M A. The role of representation(s) in developing mathematical understanding[J].Theory into practice, 2001, 40(2): 118-127.

学思维。因此，在儿童数学游戏设计中，应该倡导"多元表征"的设计理念。

三、多元具体化游戏设计模型

英国数学教育家迪因斯（Z. P. Dienes）最早提出数学学习的"多元具体化原则"，他认为儿童可以通过玩数学游戏学到数学知识、发现数学结构，这些游戏的对象就是数学学习对象的具体化表征形象，游戏的规则蕴含了数学规律或关系。那么，"多元具体化原则"如何运用于儿童数学游戏设计中呢？根据"核心图"结构，游戏设计流程经历核心机制设计、规则设计、角色道具设计和背景故事设计四个环节，如图6-3所示，其中故事背景根据角色设计确定，因此，我们只探讨核心机制、规则和角色道具设计三个部分。

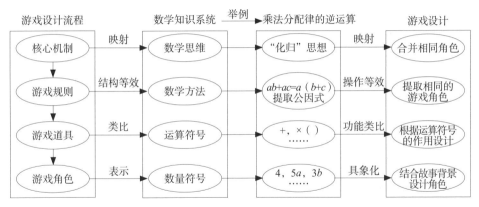

图6-3　儿童数学游戏表征设计模型

（一）核心机制映射数学思维，游戏规则等效数学方法

"核心图"结构指出"核心机制和规则是在游戏中发生最频繁的交互行为"，是玩家操作和学习频率最高的部分；操作性学习理论指出，"学习者在手动操作中，进行积极的数学思维活动，从而实现外部操作规则向内部数学思维的转化"①。因此，核心机制和规则的设定应该通过对运算方法的类比分析进行设计，并与运算程序"结构等效"。如此，儿童才能借助外部操作动作类比、抽象出其中的数学思维。例如"乘法分配律"知识点的核心思想是"化

---

① 时松.英国BEAM幼儿数学：操作性学习及其具体实践［J］.天津师范大学学报（基础教育版），2012，13（4）：64-67.

归"，数学方法是"提取公因式"，那么将核心机制与规则的设计映射为"提取某个相同角色"，并将这一操作作为游戏规则，为操作其他游戏角色提供参照。

（二）游戏道具类比运算符号

游戏道具是指游戏中具有特殊功能的装备，能够对游戏角色产生特定作用，这一特点与运算符号在计算过程中的功能不谋而合。因此，类比运算符号的功能设计游戏道具和装备，儿童通过使用道具掌握道具的计算功能，然后以"道具升级"的方式将游戏道具转变成数学运算符号（本书研究的运算符号主要指：加、减、乘、除、括号等）。以加法为例：与"+"对应的道具功能需要被映射成联合两个游戏角色的操作，待儿童理解该道具的计算功能后，再将道具的外形过渡为"+"。

（三）游戏角色表示数量符号

游戏角色是玩家的操作对象，数字、字母等数量符号是运算的对象。设计游戏时，用角色表示数量符号，能够提升数学游戏的亲和力，让儿童在接触数学游戏时觉得这仅仅是一款纯粹的娱乐游戏。游戏角色设计从描绘性表征过渡到叙事性表征，游戏角色表征形象的设计风格从具体的卡通造型过渡到半抽象的图形再到完全抽象的数字。前部分关卡的角色设计结合故事背景，采用具体形象作为角色；后部分关卡的角色设计逐步过渡到抽象的图形、字母和数字。

第四节　儿童数学思维启蒙游戏《动物狂欢节》设计实例

一、游戏总体介绍

《动物狂欢节》是一款培养3~9周岁儿童的数学思维的游戏，选取的知识点是乘法分配律的逆运算，即 $a \times b + a \times c = a \times (b+c)$，游戏目标是培养儿童的"化归"思维。游戏以动物狂欢节为故事背景，分为四个场景：海洋动物、天空鸟类、草丛昆虫和丛林走兽，玩家通过拖拽动物卡片到"传递门"，将所有动物送至狂欢节现场。

二、设计分析

具体的设计分析主要从核心机制、规则、道具及角色这四个方面展开：

（一）核心机制与规则

根据上文总结的设计模型，围绕数学知识点及相关原理、思想，展开游戏的核心机制设计，围绕数学公式和方法展开游戏规则设计。

游戏前3个场景传授"化归"思维，第4场景培养"系数"概念。图6-3的举例部分已经提出"化归"思想和"提取公因式"方法的游戏操作规则设计是"提取相同的角色"，具体设计如下：如图6-4（a）所示，首先拖拽相同的动物卡片至"传递门"；如图6-4（b）所示，此时会产生魔法光环；然后如图6-4（c）和图6-4（d）所示，依次将剩余的两个动物卡片拖入魔法光环内，

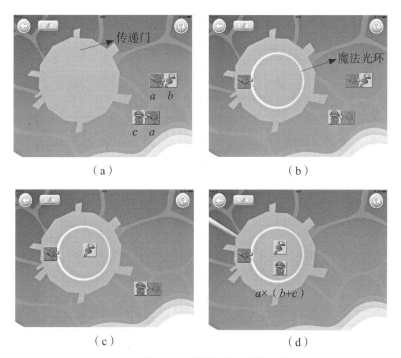

（a）　　　　　　　　　　　（b）

（c）　　　　　　　　　　　（d）

图6-4　核心玩法"提取公因式"示意图

如此，本关卡中的所有动物就能通过"传递门"到达狂欢节现场。

　　游戏第4场景培养"系数"概念，系数指单项式中的数字因数，例如，代数式"3y"中常量3是系数，它表示一个常量3与变量y的乘积，等于y+y+y，也就是"3个y相加"，系数的数学思想可以通俗地解释为"有多少个变量相加"。因此，第4场景的核心机制和游戏规则依据"有多少个变量相加"设计为"多少个小动物相加"，具体操作如下：如图6-5（a）所示，首先界面中显示两只猩猩；然后，如图6-5（b）所示，游戏规则设定从其中一张猩猩卡片后拖出黑点卡片"1点"；接下来，如图6-5（c）所示，将另一只猩猩卡片拖拽到第一张猩猩卡片上；操作完成后，如图6-5（d）所示，此时的黑点卡片中黑点的数量从"1点"变成了"2点"。根据索菲安和戴维道夫的观点"儿童数学思维的起源既不是数数，也不是通过目测获得的对数的感知理解，而是在于数量的比较"，儿童在上述游戏操作中将观察到的相同的卡片合并后，黑点卡片中点数发生了改变，当拖拽增加一只猩猩时，黑点数量也相应地增加一个。反复进行此操作后，儿童便能理解黑点的数量就代表"多少只猩猩相加"

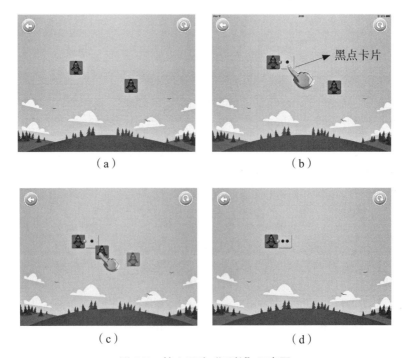

（a）　　　　　　　　　　　（b）

（c）　　　　　　　　　　　（d）

图6-5　核心玩法"系数"示意图

的数量，从而抽象出"系数"这一数学概念。

（二）道具功能设计

游戏道具功能设计依据知识点中的运算符号，乘法分配率中主要涉及加法、乘法和括号等。因此，本游戏通过道具升级的方式，逐步引入上述运算符号和结合符号，具体设计如表6-1所示。

表6-1 道具功能设计

被表征符号	关卡顺序	表征形象设计
括号	第 1-2 场景	◯
	第 3-4 场景	( )
乘号	第 1-3 场景	◉
	第 4 场景	●
加号	第 1 场景	✚
	第 2-4 场景	+

（三）角色设计

游戏角色本质上是数量符号的表征，乘法分配律中的数量符号包括数字、字母和单项式。考虑到儿童数学思维发展的具象特点，游戏角色设计为卡通动物卡片，然后逐步引入数字、符号等抽象数量符号。《动物狂欢节》的游戏角色设计从具体的卡通造型过渡到半抽象的图形、数字，再到完全抽象的数字，如表6-2所示，整个游戏的形象表征经历了从描绘性表征到叙事性表征的

表6-2 角色设计

关卡顺序	常量和变量的表征形象设计	内容描述	角色特点
第 1-2 场景	🪰🐸	小动物卡通造型	具体直观
第 3-7 场景	4 ••	图形、字母和数字	半抽象、变形
第 8-10 场景	5 73	数学常量和变量	完全抽象

转变，循序渐进地引导儿童接受抽象的数字和数量符号。

　　具体设计如图6-6所示，草丛场景的初步关卡，如图6-6（a）所示，游戏场景的角色设计是四张具体的昆虫卡片，儿童在反复操作中学会"提取相同卡片"的游戏规则；随后场景，如图6-6（b）所示，将"公因式"卡片"蚂蚁"换成半抽象的字母 b；接下来的场景，如图6-6（c）所示，将不同卡片分别置换成"3点"和"2点"系数卡片；最后场景，如图6-6（d）所示，将半抽象的系数卡片完全置换成抽象的数字系数卡片。

　　从《动物狂欢节》游戏设计的过程中，我们可以更加具体地理解如何使用游戏表征设计模型来设计一款儿童数学游戏。

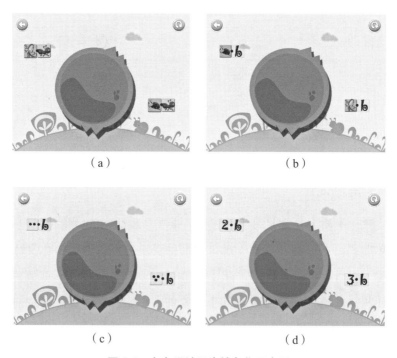

（a）　　　　　　　　　　　　　　（b）

（c）　　　　　　　　　　　　　　（d）

图6-6　角色设计逐步抽象化示意图

研究心得

下篇是对中篇四个子研究的总结和提炼，也是对上篇研究问题的回应，主要集中于第七章。从知识和思维的辩证关系入手，梳理前置关卡和后置关卡的教学内容，以及与之对应的通用游戏元素设计原则。此外，第八章对儿童功能游戏的设计发展方向进行了展望，主要落地于思维培养和全脑培养两个方面。

第七章　如何确立学前儿童功能
游戏的通用设计框架
——核心机制融合渐进机制

　　由于特定知识系统的内在机理各异，本书中篇第三、四、五、六章分别提出了培养图形表征思维的绘画游戏设计框架、指向算法思维培养的编程游戏设计框架、培养语言思维的阅读游戏设计框架，以及基于多元表征思维的数学游戏设计框架，并基于各知识框架开发了相应的游戏产品或原型进行相应的设计研究，总结设计实践过程中的反思性洞察。本章尝试基于前几章的设计分析，提炼培养知识思维的学前功能游戏通用设计框架。

　　从古希腊先哲亚里士多德确立逻辑学为一门学科，论述获取知识的方法，到20世纪七八十年代，美国、英国先后兴起思维教学运动，英国思维教学的集大成者麦吉尼斯提出了"融入式"思维教学理念，主张将学科知识作为思维技能训练的载体。[①]思维培养在教育领域的呼声越来越高，学前教育领域开始了思维教学课程改革。随着思维发展型课堂改革的不断深入，教育市场对学前功能游戏提出了思维认知培养的新的需求。

　　然而，我国的学前教育呈现"小学化"倾向，形成了长期"以知识为中心"的教学模式。学前功能游戏作为教辅工具，逐渐形成以"出题机"或"练习册"为核心玩法的设计机制。这类游戏的实质是为数字练习册披上一件游戏"外衣"，玩家在枯燥的游戏中，完成概念记忆、重复解题等关卡任务。虽然玩家的知识储量和解题速度有所提高，看似成绩提高了，但是此类游戏

---

　　① 赵国庆.思维教学研究百年回顾［J］.现代远程教育研究，2013（6）：39-49.

忽略对玩家自主加工知识能力的培养，遏制了孩子们的思维能力发展。例如，以训练"摹画"技能为核心玩法的游戏，儿童玩家的绘画速度越来越快，画得越来越"像"，但其实其自我表达、想象与联想的能力却越来越弱。

由于一些游戏设计产业的从业者们缺乏对认知思维发展规律的认识，难以将思维培养的教学设计融入游戏玩法设计框架中，导致现有的学前功能游戏产品质量良莠不齐。本章尝试从知识与思维的辩证关系出发，基于思维教育实践理论"儿童哲学"，结合通用游戏设计框架，建构指向思维培养的儿童功能游戏设计模型，以期为该领域的研究者和设计者提供思考和借鉴。为方便读者更好地理解，本章中提到的所有研究样本均可从苹果应用商店下载。

第一节　知识思维

思维是个体将外部客观环境的信息刺激加工为内在表征，并形成特定方法图式的过程。一般情况下，可以将个体思维能力等同于认知学习能力，即自主加工知识的能力。根据认知目标，将记忆、理解和应用归于低阶思维活动，分析、评价和创造归于高阶思维活动。[①] 思维活动着力于知识，鉴于此，教育实践领域提出了学科融入式思维教学理念，也就是根据不同学科知识对思维方式的承载特征，将普适思维技能运用于知识教学中，引导个体运用思维技能更深入地理解知识内容，从而达到提升思维能力和学习能力的双重目的。[②]

对于本章研究，学前教育还未进入分科教学阶段，没有形成明确的学科概念，因此我们将对知识思维的培养作为学前教育的目标。知识思维是指通过某一特定知识系统学习运用后，个体逐渐形成的带有特定系统知识印记的思维方式。知识思维不同于形式思维，后者是从各门类知识经验中抽离出来

[①] 赵姝，赵国庆，吴亚滨，等.思维训练：技术有效促进学习的催化剂 [J].现代远程教育研究，2012（4）：28-34.

[②] 赵国庆.重知识还是重思维 [N].光明日报，2016-06-14（15）.

的高度概括的通用方法论，某种程度上超出了学前儿童的认知接受水平；而前者类似于学科思维，将抽象的思维训练融入具体的知识加工过程中，降低了学习压力，其教学实践的最终目的是培养具有特定门类知识特征的思维方式。

第二节　学前功能游戏的教学设计问题

现有的学前功能游戏包括人文艺术类游戏和数理逻辑类游戏：人文艺术类游戏以"记忆系统"为内核，以概念灌输为主要游戏任务；数理逻辑类游戏以"出题机"为内核，以解题技能训练为游戏目的。这样的功能游戏机制将导致两个游戏化学习结果：忽略对玩家思维过程的引导，背离学前儿童思维发展规律。

一、忽略思维过程

知识是个体运用思维加工信息的结果，一些功能游戏混淆了思维结果和思维过程的关系，核心玩法设计呈现"重知识、轻思维"的特点。其中不乏下载量较高的游戏产品，如图7-1所示，《丫丫学画画》是一款针对4周岁左右儿童设计的绘画游戏。该游戏的核心玩法是"临摹"：玩家根据标准的简笔画拆解过程，模仿出昆虫的轮廓，然后进行填色。整个流程并未涉及实物观察、回忆联想和主观加工等过程性思维环节。通过这样的反复训练，儿童可以快速画出蜻蜓或蝴蝶，他们的绘画技能看似提高了，但孩子们的图形表征思维能力却退化了。

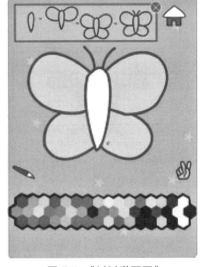

图 7-1 《丫丫学画画》

二、背离学前思维发展规律

以加法训练为例，如图7-2和图7-3所示，《数学作业》(*Math Homework*)
和《数学之王》(*King of Math*)都是针对4周岁左右学前儿童设计的数学游
戏。虽然我们不赞同这两款游戏的"出题机"模式，但对比两款游戏的关卡
任务，可以给我们带来关卡渐进机制设计方面的启发。

这两款数学游戏的关卡任务都是选择正解，看似一样，实则不同。《数
学作业》以一年级数学口算为主，游戏内容设定呈现明显的"小学化"倾向，
认知压力大、影响学习兴趣，不符合学前儿童的数学思维发展规律。众所周
知，学前儿童处于前运算阶段，以具象思维为主，逐步向抽象思维过渡，对

图 7-2 《数学作业》关卡设计

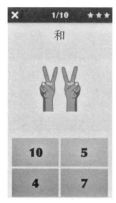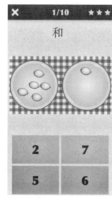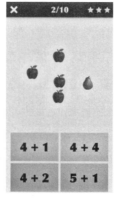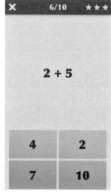

图 7-3 《数学之王》关卡设计

于加法概念的理解依赖"实物数数"，如掰手指。从这个角度来看，《数学之王》的游戏内容设定更加合理，该游戏将游戏渐进机制与数学思维发展规律相结合，通过四个场景（每个场景10关）引导玩家从实物数数到半抽象加法，再到完全抽象的数字加法。

因此，学前功能游戏设计应该遵循儿童的思维发展规律，通过游戏渐进机制设计，引导玩家体验逐渐从经验感知过渡到概念认知的过程。

总之，大部分学前功能游戏弱于培养玩家知识思维的原因有主要有两个方面：一方面，将游戏作为检验知识掌握程度的"出题机"，没有将获取知识的思维过程融入核心机制设计；另一方面，关卡任务中教学设计的推进背离学前思维发展规律，导致认知成本过高、打击游戏化学习动机。接下来，通过分析学前知识思维的形成原理和发展规律，结合游戏设计复合机制，建构指向知识思维培养的学前功能游戏设计框架。

第三节　学前知识思维的内在机理

思维源于经验（知识），个体获取知识思维依赖于对特定知识的系统学习。同时，思维又高于知识，个体进行加工知识依赖已有的思维方法。知识与思维并非二元对立，而是辩证统一的，知识思维在二者的相互作用中形成。我们主要从个体知识思维形成原理和学前思维发展规律两个层面阐述学前知识思维的内在机理，并提出相应的设计观点。

一、知识思维形成原理

正如弗朗西斯·培根在《论学习》中所说"凡有所学，皆成性格"，通过学习特定知识系统，培养相应的知识思维。研究表明，个体长期进行绘画学习，或从事视觉信息处理工作，容易形成图形表征思维方式；个体长期进行计算机知识学习，习惯性通过算法和编程解决问题，往往形成计算思维方式。因此，知识思维的获取以知识学习为基础。

离开知识，对个体进行思维训练，那么只能培养其直接思维。直接思维具有高度的概括性与指引性，是从个体经验中抽离出来的具有指导意义的方法论。①然而，人们之所以能够认识世界、解决问题，不但以思维为方法论指导，更需要借助于相应的客观经验（或知识），所以个体的知识积累某种程度上影响着个体的思维能力。

因此，思维基于知识又高于知识。从实用主义角度，知识本身没有价值，只有运用其解决问题时，知识才产生了价值。与此同时，在运用知识解决问题的过程中，个体获得了相应的思维方式。所以，教育家们鼓励将思维训练和知识教学结合起来，"轻知识论""知识中心论"等功能游戏理念有欠稳妥。

二、学前思维发展规律

学前期一般指儿童4~7周岁的发展阶段，随着大脑和肌肉发育，到5周岁左右，儿童的动作技能、语言和思维能力都有明显提高。动作技能变得熟练，基本达到成人的平衡水平；手眼协调水平和肌肉控制能力提高，可以画出直线和书写字母数字；推理能力发展，转变自我中心倾向，开始识别事物的表象和实质；掌握一种语言（外部思维），并逐渐形成内部语言（思维）。②心理和生理上的显著变化对儿童的信息接受和加工产生影响，也体现在对特定知识的认知学习上：如对于绘画知识的处理，4~5周岁左右，儿童的造型表征思维能力开始从抽象基本轮廓分化到细节具象形；再如对于数学等抽象知识的处理，5周岁左右，儿童逐步出现抽象逻辑思维，能够借助具体形象感知理解抽象关系。

因此，在设计学前儿童功能游戏时，关卡的难度设置需要根据儿童的"最近发展区"推进，基于其思维发展规律设计游戏渐进机制。

总之，学前儿童的知识思维培养有赖于思维训练和知识教学的配合，所以游戏的关卡机制设计应该涉及这两个方面，除了传递知识，核心操作也应

---

① 赵姝，赵国庆，吴亚滨，等. 思维训练：技术有效促进学习的催化剂［J］. 现代远程教育研究，2012（4）：28-34.

② SHAFFER D R. 发展心理学：儿童与青少年［M］. 北京：中国轻工业出版社，2009：373.

该体现思维过程。此外，学前期连接着个体的婴儿阶段和小学阶段，儿童的思维发展呈现出具体到抽象、感知到认知的过渡特征，所以游戏的关卡任务推进步骤应该与学前思维发展规律相吻合，避免滞后或跃进。

第四节　培养知识思维的学前功能游戏设计分析

思维导图的发明者爱德华·德·波诺（Edward De Bono）认为，思维如同运动，是一项可以通过不断学习而逐渐被掌握的技能。基于现有功能游戏设计问题和学前知识思维的内在机理分析可知，为实现游戏化培养知识思维的目的，游戏设计师可以将思维形成原理与关卡机制设计相结合，将学前思维发展规律与渐进机制设计相结合，从而形成学前功能游戏设计复合模型。

一、关卡机制体现知识思维过程

思维活动基于知识、源于疑惑，并通过解决问题而得到进一步发展。世界顶级游戏学者兼设计师科斯特提出"游戏是亟待解决的问题"。那么，为培养玩家的知识思维，游戏中的问题必须符合两个条件：解决游戏问题的操作步骤符合儿童的思维过程，问题设定需要引导玩家运用特定的知识去解决。

思维活动发生在中枢神经，具有内隐性、跳跃性特点，无法观测、难以描述。所以，通过游戏过程提取出个体思维的过程和框架，并将其可视化，对有意识地训练思维活动意义重大。因此，用可视化的方式呈现思维调用特定知识解决游戏问题的过程。如图7-4所示，根据关卡机制设计"核心图"框架，可以将核心玩法操作步骤映射到思维活动的主要环节。此外，问题设置与特定知识运用相结合，对应"核心图"框架，次级规则和目标是要求玩家运用特定知识解决游戏问题，如培养计算思维的游戏问题设定需要通过编程和算法知识来解决。相较于思维是一种程序性知识，游戏的角色和道具更适合承载知识概念、定义等描述性知识。游戏环境设计和世界观与学前儿童的兴趣相符，或者与其生活环境具有相似元素，以便游戏化学习到客观现实的迁移。

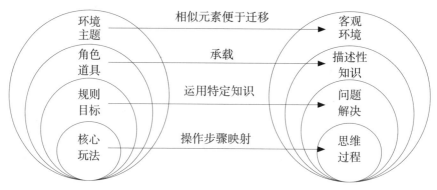

图 7-4　关卡机制设计框架

二、渐进机制依据思维发展规律

游戏渐进机制是关卡推进的内核，是触发玩家进行下一步探索的动力机制。一般情况下，任务多样化、难度改变和故事进展是关卡推进的主要因素，其中前两个因素与游戏化学习的相关度更高。如图 7-5 所示，多样化任务对应针对不同知识模块所设计的游戏问题。关卡难度的变化对应儿童思维认知发展水平，并以"最近发展区"为难度提升单位，其中思维发展规律是渐进机制的场景推进依据；"最近发展区"是某一场景内的关卡难度升阶幅度的依据，影响游戏体验中挑战和成就的平衡。

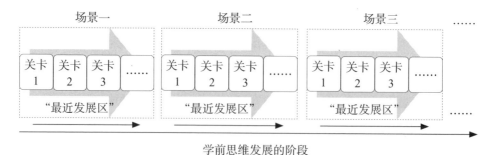

图 7-5　渐进机制设计框架

三、培养知识思维的游戏设计总结

从古希腊亚里士多德到 20 世纪 80 年代的英美思维教学运动，学界提出了多种思维技能训练工具和理论方法，其中托尼·博赞（Tony Buzan）的"思维导图"、爱德华·德·波诺的"六项思考帽"等思维训练模式广泛运用于我们的工作、生活中。思维培养对于个体认识世界、解决问题的重要性不言而喻,本章以学前儿童思维培养作为目标,分析现有学前功能游戏存在的两个主要问题:核心玩法设计以概念传播和技能训练为主,忽略对玩家的思维培养;关卡任务的难度推进不符合学前儿童思维发展规律,玩家游戏化学习的认知成本过高。

由于学前玩家的思维抽象水平还未达到抽离具象知识进行形式训练的高度,我们尝试通过基于知识学习和运用培养儿童的思维能力,其结果是形成带有特定知识系统印记的知识思维。

接下来通过游戏培养学前玩家不同门类知识思维方式:通过运用绘画知识解决游戏问题获得图形表征思维;运用算法和编程知识解决游戏问题,培养学前玩家计算思维;通过"游戏化数字童书"培养小读者的语言思维;基于多元表征思维培养学前玩家的数学思维。基于理论建构形成了针对特定知识思维培养的游戏设计框架,并基于此进行了设计研究,其中设计并开发了编程游戏和数学游戏产品,完成了绘画游戏的原型设计,并进行了反思性总结。

最后,基于培养各门类知识思维的游戏设计框架分析,提取了指向思维培养的学前功能游戏设计主要因素:游戏关卡机制设计和渐进机制设计,并建构学前功能游戏设计复合模型。如图7-6所示,模型主要分为两个维度,横轴是模型的下半部分,负责游戏关卡推荐的渐进机制设计。横截面是模型的上半部分,负责单个关卡要素的玩法机制设计。游戏关卡渐进的两个层面:"最近发展区"为临近关卡难度升级提供依据,思维发展的阶段性规律为不同场景中相同模块问题的关卡难度升级提供依据。渐进机制中所有关卡的"核心图"设计框架及其原则,包括核心玩法的操作步骤映射思维过程的主要环节。次级规则和目标引导玩家运用特定知识解决游戏问题。游戏角色和道具等元素承载特定知识的描述性知识,如概念、定义等。游戏环境设计与玩家现实认知环境相似,以便于游戏化学习的迁移。

本书结合思维和认知发展规律,扩展现有的游戏设计机制,理论方面构建了培养思维的游戏设计框架,为功能游戏设计提供指导和借鉴;实践方面,为教育实践领域从知识教学到思维教学提供了游戏化教辅设计方案。

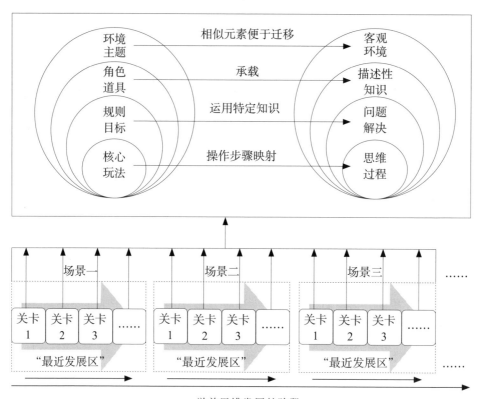

图 7-6　学前功能游戏设计复合模型

第八章　儿童功能游戏的未来走向是什么

——全脑思维培养

基于多门类知识思维分析指向全脑思维的学前游戏设计思考，我们发现个体通过学习某一系统知识会形成特定的知识思维。因此，我们可以尝试建立不同知识思维间的联系，也就是全脑思维，这将在本章进行讨论和思考，并对未来的全脑思维培养和功能游戏设计实践提供启发和思考。

我们可以尝试结合认知心理学研究成果，将针对不同脑区的思维能力培养对应不同知识系统的学习，因为不同的知识形态会较多刺激中枢神经系统的某一信息处理区域，从而增强该区域的突触联结。由此，我们的研究任务以脑科学为基础，针对不同脑区开发相应门类的功能游戏，摆脱现有"知识中心"的设计模式，从思维培养的角度设计游戏核心玩法、次级规则等元素，并建构指向特定知识思维培养的功能游戏设计模式。那么，对于指向全脑思维培养的儿童功能游戏设计是否可行？在脑科学方面是否有据可依？具体分析如下：

第一节　培养全脑思维能力的意义

一、像博学家那样思考

文艺复兴三杰之一的达·芬奇被称为"文艺复兴人"（Renaissance Man，在当时主要是指精通艺术和科学两大领域的"通才"），他不但创作了举世瞩目的《蒙娜丽莎》，还精通机械、数学等，是欧洲文艺复兴时期的天才科学家、发明家、画家等。本杰明·富兰克林，美国著名的政治家，参与起草《独立宣言》和宪法，主张废除农奴制，此外，他还进行了著名的"风筝实验"，是物理学家、作家、慈善家。我国东汉时期的张衡是杰出的天文学家，发明了"浑天仪"和"地动仪"，他还是政治家、历史学家和文学家。刘勰在《文心雕龙》中称赞其学博才富，"张衡通赡，蔡邕精雅，文史彬彬，隔世相望"。他们是"通才"，也就是"博学家"（Polymath）。这些人在多个学科领域表现出色，为人类社会的进步和发展带来了巨大的积极影响，这得益于他们的博学家思维——建立于多学科知识基础上的跨学科的解决问题的思维方式，即多元认知图式。

让我们回到"明天的太阳从哪里升起"这个问题，我们解决"太阳从何方升起"的问题，都基于一个基本假设，理工科学者说"宇宙活动具有一致性"；文史学者说"历史重演"。弗朗西斯·培根在《论学习》中提出"凡有所学，皆成性格"，不同学科造就不同的认识世界、解决问题的思维方法，而博学家兼而有之。

反观当今世界，社会分工更加细化，学科分类概念根植于教育顶层设计中。2016年8月芬兰实施教育改革，将教学重点放在了"跨学科学习"上。新课程仍然以分科课程为主，因为这是多元认知图式获得的源头，但是他们会将注意力更多地放在不会"立竿见影"的跨学科教学上，其目的是促进"横贯能力"（Transversal Competence）向传统教学的渗入，这里的横贯能力也就是跨学科思维能力，即多元认知图式。

长期以来，我国教育界致力于推进跨学科教学模式改革，并在高教阶段进行一些尝试，如引进设计思维概念、鼓励学生修"双学位"。但是，大部分学生考虑到学习成本，会选择相近专业，比如"数字媒体"专业学生辅修"媒介传播"，"广告设计"专业学生辅修"广告策划"。如此，"双学位"虽然扩展了知识体系，但并未跨出本学科，因此无法培养学生跨学科的问题解决思维方式。至于学前教育阶段，在双减政策的引导下，指向思维开发的功能游戏获得了家长们的青睐，但是产品质量和设计初衷大多身陷知识灌输和技能训练的囹圄中。因此，我们有必要进行全脑思维培养与功能游戏设计方面的跨领域研究，为相关领域设计者提供参考和借鉴。

二、培养儿童横贯能力

社会分工日益细化的同时，各行各业间的融合也在不断加强，就业市场需要T型人才，即拥有专业知识的同时，也希望其具备横向沟通能力，也就是横贯能力。

2014年，国际基础教育领先者芬兰在十年一次的教育改革中，提出关于培养学生"横贯能力"的基础教改措施。2016年，武汉大学教育科学研究院冯惠敏教授引入此概念[①]，我国也开始关注培养"横贯能力"的教育实践及其对教育的启示。

横贯能力强调学生的跨学科知识融合能力，即不同学科知识间的迁移和通过学习不同学科知识形成的能力之间的整合。具体来讲，芬兰教育委员会经过讨论研究提出了能够贯穿于各学科之间的七大能力，包括：思考与学会学习的能力；文化、交流与表达的能力；照顾自我、经营与管理日常生活的能力；多模态识读能力；ICT相关能力；工作与创业能力；参与并创造可持续性未来的能力。从这七大能力要求可以看出，"横贯能力"的提出其实是提倡基础教育的课程安排应该注重实用，基础知识和技能的培养应该为学生的未来生活和工作提供知识基础。芬兰教学委员会并没有抛弃分科教学，因为横贯能力的源头仍然是分学科教学，专业知识是横贯能力培养的基础。

为了从专业的学科知识基础上培养孩子的横贯能力，芬兰教学委员会提出了与"横贯能力"相得益彰的教改措施，即"现象教学"，也就是结合实际问题，提升学生对课本知识的实践运用能力。在分学科课程之外，将增设"现象教学"课程，为学生提供真实的客观现象，并从中提取问题，引导学生运用各种学科技能解决问题。

芬兰教学委员会"横贯能力结合现象教育"的方式与美国杰出心理学家桑代克（Edward Lee Thorndike）提出的联结主义异曲同工。桑代克的联结主

---

① 冯惠敏，郭洪瑞.芬兰国家核心课程改革中横贯能力的培养对我国的启示［J］.外国中小学教育，2017（10）：8-14.

义是行为主义理论的基础，他认为学习过程是客观环境通过感官刺激、加工形成认知，并通过神经冲动控制肌肉和组织作出行为反应的过程。学习就发生在多次反应对刺激的选择和联结中。他的经典动物实验"猫咪逃生"中，猫经过多次错误尝试，也就是通过观察笼子（客观环境刺激信息），作出不同的逃生选择（行为反应），最终选择正确的行为反应，并通过多次尝试后行为速度越来越快，猫也就学会了"逃生"。

从他的理论和实验可以看出，桑代克的联结主义强调学习的结果和目的性，也就是解决问题，带有实用主义的哲学倾向。这种实用主义倾向也体现在桑代克的教学原则和课程安排中，他认为"知识和技能应该在不同的学科中交叉应用，学习应该被整合"[①]。在学习整合的基础上，美国基础教学者们进行了尝试，如"秋季南瓜"教学单元。"南瓜"作为学习材料，从联结主义的角度来讲，也就是环境刺激，能够作为多种学科的教学素材，教师可以尝试将不同学科的内容融入其中，例如：历史知识，美国的爱尔兰移民带来的万圣节传说；数学知识，南瓜的测量；生物知识，南瓜的种植和生长规律；工艺知识，南瓜灯的设计和雕刻等。

此外，基于联结主义，桑代克提出了其他原理，如对迁移的解释。他认为迁移（泛化）是一个联结的变化导致另一个联结产生类似变化。上文提到联结发生在环境刺激和行为反应之间，因此，具有相同元素的环境容易让个体产生类似的联结，此时就完成了学习迁移。也就是说可以将一个联结中行为对环境的反应，运用到另一个环境中，解决不同的问题。但是桑代克同时发现，某种特定环境下的技能联系并不能提升能力的广泛应用程度，也就是说某种技能训练或知识灌输是不够的，学生无法运用这样习得的技能或知识。教师应该把运用这种知识和技能的方法传授给学生，即在不同环境下运用这些技能和知识，也就是芬兰教学委员会所提出的"现象教学"措施。

根据联结主义理论，越真实的环境越能帮助学生迁移课本知识和技能。在实际教学实践中，教师将遇到多样的挑战，如对教学素材和问题环境的构建。从这个角度考虑，游戏的模拟性和仿真性是行为主义教学实践者的最佳

---

① SCHUNK, DALE H. Learning theories: an educational perspective [J]. Learning theories an educational perspective, 2012, 31(10): 459-460.

教辅材料选择。

三、建立学前儿童多元图式培养模型

从生物学的角度，用学习神经科学解释个体的学习活动，个体通过感官接受外部环境的刺激，通过丘脑传递给中枢神经系统，如相应的大脑皮层，大脑皮层各区域的神经细胞之间产生电反应和生物反应，通过记忆加工形成突触联结和网络。这与认知心理学的图式理论有共同之处，前文提到认知图式是不断更新和修正的，个体通过感官接收信息，与原有的认知图式（记忆）进行比较，能够理解的被同化到原有图式中。如果新的信息无法被同化，个体将修正和更新图式以处理新的信息，从而达到认知图式和客观环境的平衡。联系阿恩海姆的"力的图式"理论，他强调大脑皮层中的视觉皮层对认知的重要性，指出外在世界的"力"（客观环境）与个体内在世界的"力"（认知图式或突触网络）通过视觉神经处理后，能够在大脑皮层形成一种力场，这种力场在形式结构上和外部世界的力场同形同构。[①]这与格式塔心理学的"异质同构"具有异曲同工之妙，当外部世界的各种力场与个体内部的已有力场在结构上达到一致时，个体便可以获得审美经验，也就是共鸣。

弗朗西斯·培根在《论学习》中写道："读史使人明智，读诗使人灵秀，数学使人周密，科学使人深刻，伦理学使人庄重，逻辑修辞之学使人善辩。凡有所学，皆成性格。"也就是说，通过对不同学科知识的学习，个体能够习得带有该学科特质的认识世界的思维图式，这类似于现代的"学科育人"策略，这符合人类社会分工细化的要求。然而，在马克思看来，理想社会的实现，最终有赖于人们"对分工的依赖"的消失。因为马克思认为分工在人的性格形成上起到不好的作用，"某种智力上的畸形化，和社会的分工是分不开的"[②]；类比育人，分工对人智力的畸化，分科也可能造成学生片面化、固定化的不全面发展。

因此，将多元化思维培养作为儿童功能游戏设计的哲学观，还有一个重

---

① 阿恩海姆. 艺术与视知觉：新编［M］. 孟沛欣，译. 长沙：湖南美术出版社，2008：36.

② 马克思. 资本论：第1卷［M］. 郭大力，王亚南，译. 北京：人民出版社，1975：402.

要原因，即对"偏侧化"教育体制的补充。现代教育受社会分工的影响，呈现为"学科教育"形式，也就是为不同工种培养相应的专业人才。因此，从小学到高中，再到大学，我们不断分科、选专业，成为更加专一的人才。这一过程，正如马克思所说的"偏侧化"，经过数十年的教育，不同的专业培养出以特定思维模式进行思考的专业型人才，如数学思维、计算思维、设计思维、叙事思维等。这样的专业型人才将成为"程序员""美工""行政人员"等，去满足社会分工带来的人才需求。

然而，随着社会分工的日益融合，市场对T型人才的需求与日俱增，教育者们开始尝试跨越"学科育人"的边界，如兴办跨学科专业，培养学生的横贯能力等。在认知心理研究和神经科学研究领域，学者们透过教育改革，从生物学和心理层面关注学习科学和教育科学。典型的知名学者包括"多元智能理论"之父霍华德·加德纳，提出该理论除了得益于加德纳对发展心理学和认知心理学的深入研究，更离不开他对艺术和神经系统的特别兴趣。在提出该理论前，美国学界重视的思维种类仅限于逻辑分析思维，但通过对特殊儿童（如孤独症患儿）在艺术发展和认知方面的研究，加德纳提出人类智能的多元性和不同智能间的相对独立的猜想。[①]在对波士顿退伍军人医疗管理中心持续了20年的脑伤病人的研究中，加德纳发现人的中枢神经系统大脑皮层的不同区域控制着个体的不同组织和功能，这些功能彼此独立，从而证实了多元智能的猜想。

从弗朗西斯·培根的"论学习"，到马克思的"智能畸形"，再到加德纳的"多元智能"，我们可以清晰地提取出从社会分工细化到分工融合过程中教育理念从"学科育人"到"跨学科培养"的发展脉络。学科专业的开设大多建立在社会分工和市场需求的基础上，因此，"跨学科"的教育策略带有资本印记。相比之下，"多元智能"理论基于生物学和心理学研究的提出，着眼于人类发展，而非社会进步，这种更加底层的哲学观照值得提倡。因此，本章沿袭加德纳的研究出发点，从认知的角度思考培养儿童多元认知图式的意义和途径。

---

① 沈致隆. 多元智能理论的产生、发展和前景初探［J］. 江苏教育研究，2009（9）：17-26.

马克思提出分工导致人固定化和畸形化，尝试从认知心理学角度解释该观点：工人在流水线操作，也就是个体在接受外部刺激，形成初步认知图式。机械化和工业化细化了职业分工，对个体的技能要求单一、重复，在长期工作中，个体的认知图式不会发生同化或顺应，导致思想固定化、片面化、畸形化。类比到教育领域，从义务教育到高中分科，再到大学的高度专业化，个体被逐步培养成专业化人才。然而，考虑到这种分科制度不可避免，我们需要在个体被片面化和偏侧化之前，也就是进入体制化教育系统前就开始培养个体的全脑思维习惯。

四、从学科育人到跨学科培养的教辅支持

学科育人是现代社会分工细化在教育实践上的体现，跨学科培养是分工融合对教育实践的影响，学科育人和跨学科培养的最终目的是建构学习者的核心素养。

"核心素养体系"作为国家对于教育的顶层设计，于2014年3月由教育部发布的《关于全面深化课程改革 落实立德树人根本任务的意见》文件中提出，包括了学科核心素养和跨学科共同素养。所谓学科核心素养是指凸显学科本质，具有独特、重要育人价值的素养[1]，该素养是"学科育人"实践的核心价值。跨学科共同素养建立在学科核心素养基础之上，可以在现实环境中灵活运用各学科知识解决问题的过程中获得，这也是"现象教学"的另一个内涵。目前，欧美国家在基础教育和高等教育中都有相关的实践，如小学教育的"秋季南瓜"，斯坦福设计学院和德国波茨坦大学的设计思维训练项目。我国也在积极引入跨学科思维培养项目，例如，中国传媒大学"艺术学部"于2014年设立"设计思维创新中心"，课程中引入商业项目和实际问题，鼓励跨学科合作、尝试培养T型人才。该项目培养效果明显，但是课程内容基于商业项目合作，师资投入更是远高于其他课程，因此覆盖率不高、受益者少。我国早教阶段也开始实行"现象教学"，但由于教育资源投入较大，这样

---

① 曹培英. 从学科核心素养与学科育人价值看数学基本思想［J］. 课程·教材·教法，2015（9）：40-43.

的教学尝试同样存在覆盖率低的问题。

反观游戏，设计者可以将实际问题内化到游戏载体中，为更多玩家提供一个运用不同学科知识解决问题的环境。相较于实际课程和实际项目，虽然效果略差，但能够较大限度地减少资金和师资投入，较广范围地覆盖更多玩家，也不失为培养跨学科问题解决思维的补充方案。

第二节　培养全脑思维能力的理论支撑与探索

根据大脑发育规律，婴儿出生后大脑发育迅速，两周岁左右拥有与成人相同数量的神经突触，三周岁左右比成人多出上亿的神经突触。直到18周岁左右，个体会失去将近一半的婴儿期数量的突触。神经细胞突触受信息刺激联结，反之突触联结减弱或失去，特别是在儿童5周岁左右，也就是学前期，神经网络的联结变得越来越复杂，并且这一过程贯穿整个发育阶段。[①] 个体神经中枢系统的重要组成部分——大脑，其工作原理的核心是区域化和内部联结共同作用：区域化是指大脑各个区域结构及其主要功能，包括大脑皮层、脑干和网状结构、小脑、丘脑、杏仁体、海马体和胼胝体，其中大脑皮质层与本研究的相关性更高，因为这是大脑处理感官信息、学习和记忆的主要结构功能区。皮质层是类似于灰色橘皮一样的褶皱薄层，主要分为左右两个半球，每个半球包括四个叶，左右半球的信息由胼胝体传递，因此有研究表示因为女性胼胝体先天比男性发达，所以女性相较于男性，更加感性或"一心二用"。

一、左右脑分工

大脑皮质层分为左右两个半球，由胼胝体联结并进行两个半球的信息传递。一般认为左脑负责右侧视域和肢体功能，反之，右脑负责左侧视域和肢

---

① 申克.学习理论［M］.韦小满，等译.南京：江苏教育出版社，2003：49.

体功能。通过对裂脑人的深入研究发现，分析思维（如语言处理、表情识别）主要集中在左脑，而空间、听觉、情感和艺术加工都发生在右脑。由于大脑功能的区域化特征，便有人假设健谈者由左脑支配，比较感性的人由右脑支配，但其实这是一种简单而偏侧化的理解。其实，极少有心智加工过程仅仅发生在一个半脑中，如"煽情的演讲者"由哪个半脑控制。

因此，"基本上任何一个任务都需要左右半脑的同时参与，只是某个半脑在加工某些类型的信息时比另一个加工有效而已"[1]。一些支持单侧化的学者认为知识是区域编码的，但其实现代信息加工论提出的平行分布加工观点则认为，知识的加工是跨越很多记忆网络的。[2]

左右脑分工的单侧化特征及其各区内部联结的观点表明，左脑主要加工学科内容，右脑主要加工情境。因此，我们在设计功能游戏时应该避免过多地关注学科内容而忽略情境应用的设计模式，如"出题机"，而是尽可能地融合情境，将游戏情境与学科知识相融合，提高玩家对知识的情境迁移能力。

二、全脑理论

全脑教育基础理论是基于大脑区域化及其内部联结提出的教育实践理论，理论的发展主要经历三个过程，即全脑四分、多元智能和其他发展。

（一）全脑四分

我们所知的全脑四分模型是奈德·赫曼（Ned Herrmann）于1988年，在 *The whole brain business book*（《全脑优势》）一书中提出的，通过对"分析型"、"组织型"、"梦想型"和"沟通型"这四种类型的工作者进行的案例分析，证明了"全脑概念"运用于现实场景的可行性和有效性，并提出了"四大象限"的全脑模型。[3]

---

① BYRNES J P, FOX N A. The educational relevance of research in cognitive neuroscience［J］. Educational psychology review, 1998, 10(3): 310.

② BOWERS J, HANSEN B. Reconciling neyman and fisher: attributing effects to a cluster randomized get-out-the-vote campaign［J］. Social science electronic publishing, 2009, 104(487): 873-885.

③ HERRMANN N. The whole brain business book［J］. Insight, 1996, 1(4): 40.

早在1978年，奈德就开始了基于脑半球优势理论研究被试的思维方式和学习模式，这也是他创造性思维研究的一部分，很快形成了独立于大脑解剖因素的象限理论，并将其发展成"赫曼全脑优势工具"（HBDI）。具体内容如表8-1所示，赫曼将全脑分为四种思维模式，包括分析思维（Analytical Thinking）、顺序思维（Sequential Thinking）、社交思维（Interpersonal Thinking）和形象思维（Imaginative Thinking），每种思维方式有其相应的属性关键词和适合的活动类型。分析思维和顺序思维活动一般在左脑，而社交思维和情感思维活动一般在右脑。

表 8-1　全脑四分思维属性分析

第一象限　分析思维 属性关键词：听觉的、逻辑的、实际的、批评的、技术上的、定量的 推荐活动：数据收集、分析、理解原理、基于实际效能的评价、标准逻辑推理	第三象限　社交思维 属性关键词：动觉的、情感的、精神上的、感（知）觉的、富于感情的 推荐活动：倾听和表达观点、寻找个人意义、感官接收、群体互动
第二象限　顺序思维 属性关键词：稳妥的（Safekeeping）、结构化的、有组织的、复杂详尽的、计划性的 推荐活动：遵照指令、细节任务、步骤化问题解决、组织和实施	第四象限　形象思维 属性关键词：视觉的、整体性的、直觉的、创新的、概念性的 推荐活动：大局观、挑战惯性思维、视觉工作、隐喻思维、创造性问题解决、长线思考

（二）多元智能

多元智能理论由美国发展心理学家霍华德·加德纳提出，在此之前占据智能研究领域的是双智能理论和三元智能理论：双智能理论是指语言能力和数理逻辑能力；三元智能包括分析性智能、创造性智能和实践性智能。加德纳在哈佛大学学习期间加入了著名的"零点项目"，研究特定儿童群体的认知特点，通过观察特定儿童群体的艺术发展和认知过程，加德纳认识到人类的能力不是单一的，而且不同能力之间是相对独立的，例如：孤独症儿童存在与人交往的缺陷，却在音乐或绘画方面表现优秀；"神童"在某些领域天赋异禀，却不知如何与同龄人相处。但是现象研究的推论需要实证数据的论证，从哈佛大学毕业后，加德纳希望继续从事关于"人类智能"的研究，便申请加入了波士顿退伍军人医疗团队对大脑受伤病人的研究，开始了医学领域的研究生涯。加德纳通过观察脑伤病人的表现，发现病人丧失某种能力或某些能力后，其他能力或某种能力仍然完好，这就说明大脑皮质层的不同区域各司其职，掌管不同的能力和智能，而且彼此之间相互独立，即智能多元化。①

加德纳的哲学观带有显著的实用主义倾向，他认为智能是"在特定社会文化背景下，解决问题的能力"②，因此对人类智能的判断不再是IQ测试及其成绩，而是特定情境下解决实际问题的能力。加德纳将智区分为特定的"模式"，而非某个单一能力支配下的智力。评价某一智能是否属于人类智能，加德纳提出八条标准，如表8-2所示，分别是：局部脑损伤不受影响、贯穿人类进化史、存在于日常核心操作中、能够被编码和符号化表达、能够有明显的发展、存在于专家、天才和杰出人士中、能够被实证心理研究证明，以及被心理测量结果支持。最终形成九种同等重要的"生命的心理潜能"（第八和第九智能是后增加的，由于其认知机理不同，此处观照前七种智能），分别是：音乐智能、空间智能、语言智能、逻辑数学智能、身体运动智能、人际关系智能和自我认知智能，如表8-3所示。

表 8-2　多元智能及其特性分析

potential for brain isolation by brain damage	局部脑损伤不受影响
place in evolutionary history	贯穿人类进化史
presence of core operations	存在于日常核心操作中
susceptibility to encoding (symbolic expression)	能够被编码和符号化表达
a distinct developmental progression	能够有明显的发展
the existence of savants/ prodigies / exceptional people	存在于专家、天才和其他杰出人士中
support from experimental psychology	能够被实证心理研究证明
support from psychometric findings	被心理测量结果支持

① 沈致隆.多元智能理论的产生、发展和前景初探［J］.江苏教育研究，2009（9）：17-26.

② 加德纳.多元智能［M］.沈致隆，译.北京：新华出版社，1999：16.

表 8-3　多元智能及其相应能力

musical-rhythmic	音乐智能	感知音调、旋律、节奏和音色等的能力
visual-spatial	空间智能	脑中形成一个外部空间世界的模式并运用的能力
verbal-linguistic	语言智能	用语言思维、用语言表达和欣赏语言内涵的能力
logical-mathematical	逻辑数学智能	计算、推理和逻辑思维的能力
bodily-kinesthetic	身体运动智能	身体全部或部分解决问题或制造产品的能力
interpersonal	人际关系智能	有效理解他人、与人交往的能力
intrapersonal	自我认知智能	个体认识、洞察和反省自身的能力

全脑四分和多元智能理论为认知心理学添上了浓墨重彩的一笔，自此以后，学者们不再停留于语言和数理逻辑智能，开始探索大脑更多的潜在能力，如"潜脑"研究。

三、跨学科的横贯能力培养

在左右脑分工和全脑教育理论的研究推动下跨学科培养被教育实践者重视。长久以来，为了适应工业化生产后的分工细化，我们建立了以学科为基础的现代教育体系，学校为社会输送专门人才以及解决人才需求。正如弗朗西斯·培根所说"凡有所学，皆成性格"，通过对某一知识体系的学习，获得相关知识和技能，在运用的过程中转换成特定知识思维。目前，学科分类主要包括以下四块：

科学领域：生命科学、物理、地球科学等；

工程领域（形式科学）：数学、计算机科学等；

人文领域（社会科学）：语言学、历史学等；

艺术领域：视觉艺术、音乐等。

随着社会的发展，原本的社会分工愈加细化的同时，相互之间的合作与联系愈加紧密，企业发展需要具有跨知识思维能力的人才，如交互设计师，不但具有前端开发技术，也需要掌握基本设计原理和一定的审美能力。从学科育人的角度，因为知识已然分类，不可逆，所以教育实践者们提出了跨学科横贯能力培养的观点。

　　知识在解决问题过程中转换成知识思维，并形成横贯能力。横贯能力是与跨学科培养相辅相成的，不同门类知识系统需要在实际情境中通过问题解决融会贯通。对于学前儿童来说，知识还未被学科专门化，只有对应不同的信息形式的知识门类，因此，游戏内容基于知识门类而非学科知识设计。初步设想在培养各门类特定知识思维的游戏模型建构基础上，将游戏问题设定从"学科育人"向"现象教学"转变，并在类沙盒游戏中灵活调用各门类知识和思维方法解决现象问题。如此，结合全脑思维形成的内在机理，灵活调用多门类知识及其思维方法，解决类沙盒游戏中的现象问题，从而培养玩家的全脑思维图式。

　　从整个学界的研究趋势来看，脑科学的功能分区理论为全脑思维培养提供了生物学支撑；行为主义和信息加工理论为全脑思维培养提供了认知心理学方面的理论支撑；此外，学前儿童已具备基本的学习认知能力，并且还未进入基于学科划分的教学体制，因此，可以将指向全脑思维培养的学前功能游戏设计作为未来游戏设计领域的工作和展望。